妖怪絵草紙と怪談で楽しく学ぶ!

「くずし字」読解のポイント

齋藤 均 監修
山本 明 著

メイツ出版

はじめに

妖怪たちと楽しく「くずし字」をレッスン

最初に目にしたくずし字文は、のたうった記号が連続する暗号にしか思えなかった。その後、くずし字の書体を頭につめ込んで再トライすると、記号の一部が文字と化して浮き上がって見えた。

さらに粘って読み解きを進めると、判読不能だった箇所が前後の関係から類推できるようになり、ついには全体が意味をもつ言葉の連なり＝文章として眼前に横たわっていた。

初めてくずし字文が読めた瞬間だった。この達成感と爽快感を多くの方に味わってもらいたいと願い、この本をまとめた。

本書は妖怪や怪談物をテキストに用いた、初心者のためのくずし字攻略本だ。無味乾燥な文章より、妖怪系ならワクワクしながら取り組んでもらえるのではないか。それが企画趣旨である。

素材に選んだのは江戸時代に書かれた浮世絵や絵草紙（絵入りの読み物）が中心で、庶民が親しんでいた娯楽性の高いものばかり。

『百鬼夜行絵巻』より　●国立国会図書館蔵

読解がしやすく入門には打ってつけといえる。

目指すは平仮名の習得である。平仮名さえマスターしてしまえば、江戸時代に書かれた多くの書物が読破可能になる。

くずし字文を読むことは、いにしえの人々と対話することでもある。江戸時代には妖怪話や怪談が庶民のあいだで大流行した。行間から伝わる江戸文化の機微にふれていただければ幸いだ。

監修はネット講座「くずし字を解読しましょう！」を開設している齋藤均先生にお願いした。また巻末付録の「48音くずし字一覧」は、書作家の樋口英一先生に書き起こしていただいた。

この本は初心者を対象にするが、もっと基礎の基礎から徹底的に学びたいという方には、本書の姉妹書で既刊の『よくわかる「くずし字」見分け方のポイント』（メイツ出版）をおすすめしよう。まったくゼロからスタートするには最適な入門書だと自負する。

それでは妖怪たちを応援団に、くずし字ワールドに分け入っていこう。学びの旅は刺激的で、きっと楽しいものになるはずだ。

山本　明

目次

第三章
上達のための「千本ノック」
様々な絵草紙で場数を踏む

第四章
読みこなせれば初心者返上
くずし字上級へのアプローチ

凡例

○読みこなしに用いた浮世絵や絵草紙などは、国立国会図書館と東京都立中央図書館特別文庫室が所蔵するライブラリーから選んだ。
○平仮名の読解力養成を優先させるため、課題文中の漢字やカタカナは、「読み」欄で漢字、カタカナで示した。
○くずし字はバリエーションに富み、本書に掲載したくずし字がすべてではなく、本書で紹介していない字母から派生した文字も多数存在する。
○くずし字の読み下しは、監修者の齋藤均先生にチェックしてもらった。
○巻末付録の「48音くずし字一覧」は、書作家の樋口英一先生に書き起こしていただいたもので、江戸時代の文献に載る頻出度が高い字母と字体を齋藤均先生に選んでもらった。
○くずし字は書いた人によってくずし方が異なり、本書掲載「48音くずし字一覧」の書体とは異なる場合も多々ある。

『髪切の奇談』／歌川芳藤が描いた妖怪髪切の錦絵。詞書の読解は64ページを参照
●東京都立中央図書館特別文庫室蔵

第一章

コツさえつかめば意外に簡単
くずし字攻略の必勝方程式

覚えることがたくさんあり、くずし字の習得は大変だ――。
そう考えている人がほとんどではないだろうか。
でも、妖怪物など娯楽系の読み物は庶民向けのため、
字の種類や書体が限定され、思いの外敷居が低い。
まずはガイダンスから。「くずし字ワールド」にようこそ。

Check 1

現代文とは異なるくずし字のトリセツ

くずし字を攻略する具体的なレッスンに入る前に、そもそもくずし字とはどんな性格をもった文字体系なのか？　そのあたりから話を始めよう。ある程度くずし字について理解しているという読者もいるかと思うが、おさらいの意味で読んでいただきたい。

まずは流れるように続き文字（連綿体）で書かれているということ。文字と文字が線（連綿線）でつながることが多く、次に続く字の頭の部分が省略されることもめずらしくない。そのため字を区切る箇所がわからないと読みこなせず、入門者をはね返す壁となっている。

その字の終筆が下に延びるものは次の字の始筆に連結し、終筆が右や左方向に向かうものは次の字とつながらない――。そんな傾向はあるにはあるが、例外だらけなのがくずし字である。

書き手しだいの面が強く、ケースバイケースゆえに字の区切りを判断するのはマニュアル化しにくく、場数を踏んでコツを体得していくしか対処法はない。とはいえ、この本の演習問題をこなしていけば自然に身につくはずで、問題を解く際には必ず字切りのパターンを意識して臨もう。

文字に大小の差がつけられるのも大きな特徴で、筆の勢いからそうなることもあるが、書き手の美意識の反映だったりもする。促音の小さい「っ」などをのぞき、字が同サイズで示される今の活字に

『変化物春遊（ばけものはるあそび）』より。読みは96ページ参照

●国立国会図書館蔵

慣れた私たちには、戸惑いを招く要因のひとつといえる。

さらに、字のくずし方に個人のクセが出やすく、文章中でくずし方を変えてくるから厄介だ。

現代文と違って文中の区切りに打つ読点（、）や文末の句点（。）がない場合が多く、これも読解を難しくする。また促音も小さく書かず、濁点や半濁点も文章中でつけたりつけなかったりする。融通無碍というか、文法を守ろうという意識は薄い。

歴史的仮名遣い（旧仮名遣い）で書かれている点も、読解の妨げといえる。「きょう（今日）」を「けふ」、「おうぎ（扇）」を「あうぎ」、「でしょう」を「でせう」と書くことは比較的知られているが、「おほい」→「おおい（多い）」、「こはい」→「こわい（怖い）」ほか、歴史的仮名遣いはややこしい。

以上述べてきたように、くずし字攻略は一筋縄ではいかない。だが、やはり現代文とは陸続きの関係にあり、外国語の習得よりもはるかに楽なのは事実だ。そう思って頑張ろう。

Check 2

ひとつの音に何通りもの異体仮名が存在

ご存じのように平仮名は漢字をくずしてつくられた。ところが、私たちが使う平仮名（現用字体）は一音一字なのに対し、一音の表現に字形の異なるいくつもの平仮名を用いるのがくずし字だ。たとえば「す」は、現在では「寸」から生まれた一字のみだが、くずし字では「す」の音を表すために、「寸」に加え「春」や「寿」「須」などをくずした字が使用された。また「は」では、現用字体のもとになった「波」とともに、「者」「盤」「八」から生まれた平仮名が採用されている。

話は「す」「は」にとどまらない。ほとんどの音が複数の漢字から転用された平仮名をもつ。今とは大きく相違するポイントといえるだろう。

困ったことに、文章中で同音異体字が混用されるのだから頭が痛くなる。混用に定められたルールはなく、書き手が恣意的に選んで書き分けた。

そのため各音を示すくずし字のバリエーションをきちんと把握（各字のくずした書体を含め）しておかないと、読解は完全にお手上げになってしまう。

平仮名同様に漢字からつくられたカタカナが、平安時代にはほぼ一音一字に定められていたのとは性格を異にする。屏風や掛け軸に書をしたためる際、同じ字の重複を避けたいという美意識が働いた結果だともされるが、はっきりしたことはわかっていない。

江戸時代、寺子屋で勉強に励んだ子どもたちは大変だったろう。さすがにこれでは煩雑で非効率だということになり、明治33（１９００）年に一音一字の今につながる現用字体に統一された。

ちなみに、このとき現用字体から外された、別の漢字から派生したくずし字を変体仮名、ないしは異体仮名と呼んでいる。

さて、平仮名の元になった漢字を字母というが、次ページに音に対する代表的な字母を一覧にしてまとめてみた。くずし字の字母はこれ以外にもあるが、掲載したもので江戸時代の書籍の多くがカバーできるはずだ。デフォルメして判読しにくいくずし字も、字母を知っていればそれが解読の手がかりになる。くずし字を攻略する大事な一歩だから、頑張って頭に入れてほしい。

字母はその漢字の音訓から音にあてられた。なぜ「春」が「す」で、「者」が「は」なのかと疑問に思うかもしれないが、現在とは音訓が変化した結果だとされる。各音と字母の関係については、姉妹誌『よくわかる「くずし字」見分け方のポイント』でくわしく解説した。字母を習得するための演習も盛りだくさんだから、合わせてチェック願いたい。

まったくゼロから学べる超入門書『よくわかる「くずし字」見分け方のポイント』＝メイツ出版刊

くずし字のもとになった代表的な字母一覧

くずし字習得のファーストステップは、まず字母を確実に覚えることから。いかにもお勉強という感じで面倒だろうが、上達しない人はこの基礎の基礎を疎かにしている傾向が否めない。なお、そのレベルはもう卒業したという方もいるだろうが、再確認の意味で必ず目を通していただきたい。

＜あ行＞
「**あ**」＝安　阿　「**い**」＝以　伊　「**う**」＝宇　「**え**」＝衣　江　「**お**」＝於

＜か行＞
「**か**」＝加　可　閑　「**き**」＝幾　起　支　「**く**」＝久　具　「**け**」＝計　介　遣　希
「**こ**」＝己　古

＜さ行＞
「**さ**」＝左　佐　「**し**」＝之　志　「**す**」＝寸　春　寿　須　「**せ**」＝世　勢　「**そ**」＝曽（曾）　楚

＜た行＞
「**た**」＝太　多　堂　「**ち**」＝知　千　「**つ**」＝川　徒　津　「**て**」＝天　亭　「**と**」＝止　登

〈な行〉

「な」＝奈　那　「に」＝仁　尓（爾）　耳　丹　「ぬ」＝奴　怒　「ね」＝祢（禰）　年

「の」＝乃　能　農

〈は行〉

「は」＝波　者　盤　八　「ひ」＝比　飛　「ふ」＝不　婦　布　「へ」＝部　遍　「ほ」＝保　本

〈ま行〉

「ま」＝末　万　満　「み」＝美　三　「む」＝武　無　「め」女　免　「も」＝毛　茂

〈や行〉

「や」＝也　屋　「ゆ」＝由　遊　「よ」＝与

〈ら行〉

「ら」＝良　羅　「り」＝利　里　「る」＝留　累　流　類　「れ」＝礼（禮）　連

「ろ」＝呂　路

〈わ行＋ん〉

「わ」＝和　王　「ゐ」＝為　井　「ゑ」＝恵　衛　「を」＝遠　越　「ん」＝无

くずし字攻略ドリル

次の人名に関する漢字文を字母で読み解いてみよう。最初はお手上げでも構わない。繰り返し取り組むことで、自然に身についていくものだ。なお、濁点は省略し、促音や拗音も一字としてあつかった。

［問題1］

①美左幾　②由宇止　③佐也加　④太以起
⑤波留可　⑥之与宇多　⑦安於伊　⑧阿良堂
⑨遊利衣　⑩太以知　⑪末左三　⑫阿川志
⑬閑礼无　⑭保堂可　⑮奈那美　⑯与宇部伊
⑰左王己　⑱佐登流　⑲千安支　⑳計以之
㉑左遠里　㉒恵以多

［解答］

①みさき　②ゆうと　③さやか　④たいき(だいき)
⑤はるか　⑥しようた(しょうた)　⑦あおい
⑧あらた　⑨ゆりえ　⑩たいち　⑪まさみ
⑫あつし　⑬かれん　⑭ほたか　⑮ななみ
⑯ようへい　⑰さわこ　⑱さとる　⑲ちあき
⑳けいし　㉑さをり　㉒ゑいた

［問題2］

①毛茂閑 ②安支羅 ③左久良 ④飛呂幾
⑤由女乃 ⑥介伊寸遣 ⑦世里那 ⑧古宇春希
⑨寿三連 ⑩者累万 ⑪比奈多 ⑫不美屋
⑬婦三農 ⑭満佐類 ⑮盤那古 ⑯本具登
⑰祢年 ⑱須春武 ⑲具耳古 ⑳楚宇堂
㉑満為古 ㉒衛伊知

［解答］

①ももか ②あきら ③さくら ④ひろき
⑤ゆめの ⑥けいすけ ⑦せりな ⑧こうすけ
⑨すみれ ⑩はるま ⑪ひなた ⑫ふみや
⑬ふみの ⑭まさる ⑮はなこ ⑯ほくと
⑰ねね ⑱すすむ ⑲くにこ ⑳そうた
㉑まゐこ ㉒ゑいち

［問題3］

①三能里 ②奈徒支 ③奴農江 ④天津也
⑤尓己累 ⑥伊知路宇 ⑦和閑八 ⑧曽宇遍伊
⑨亭連左 ⑩布宇堂 ⑪丹以奈 ⑫無佐之
⑬免久美 ⑭仁志農春遣 ⑮阿无怒 ⑯勢伊志
⑰者流飛 ⑱春具類 ⑲川年己 ⑳盤津支
㉑井川美 ㉒之遠无

［解答］

①みのり ②なつき ③ぬのえ ④てつや
⑤にころ ⑥いちろう ⑦わかは（わかば） ⑧そうへい
⑨てれさ ⑩ふうた ⑪にいな ⑫むさし
⑬めくみ（めぐみ） ⑭にしのすけ（にじのすけ）
⑮あんぬ ⑯せいし（せいじ） ⑰はるひ
⑱すくる（すぐる） ⑲つねこ ⑳はつき（はづき）
㉑ゐつみ ㉒しをん

［問題4］

①左加毛止利与宇末　②武良佐幾之起不
③太天万左無袮　④美登己宇茂无
⑤志与宇止久多以之　⑥比三古
⑦伊之堂三川奈里　⑧飛羅可計无那以
⑨志満徒奈利安支良　⑩世无乃里幾由宇

［解答］

①さかもとりょうま（坂本龍馬）　②むらさきしきぶ（紫式部）　③たてまさむね（伊達政宗）　④みとこうもん（水戸黄門）　⑤しょうとくたいし（聖徳太子）　⑥ひみこ（卑弥呼）　⑦いしたみつなり（石田三成）　⑧ひらかけんない（平賀源内）　⑨しまつなりあきら（島津斉彬）　⑩せんのりきゅう（千利休）

［問題5］

①留以寸婦呂伊春　②満津於波之与宇
③佐伊古宇堂可毛利　④堂介多者流能布
⑤寿閑和良農三知左年　⑥仁農美也曽无登具
⑦婦久左王遊起千　⑧川堂宇女古
⑨宇无遣伊　⑩己尓志遊起那閑

［解答］

①るいすふろいす（ルイス・フロイス）　②まつおはしょう（松尾芭蕉）　③さいこうたかもり（西郷隆盛）　④たけたはるのふ（武田晴信＝信玄）　⑤すかわらのみちさね（菅原道真）　⑥にのみやそんとく（二宮尊徳）　⑦ふくさわゆきち（福沢諭吉）　⑧つたうめこ（津田梅子）　⑨うんけい（運慶）　⑩こにしゆきなか（小西行長）

［問題6］

①太奴末於支川久　②多支礼无堂路宇
③可徒志加保具左伊　④以之加王太久本具
⑤於於志於部伊盤知呂宇　⑥耳徒堂与之佐多
⑦阿良伊八具勢支　⑧怒可堂能於於幾美
⑨登具閑王以衣八累　⑩奈津免楚宇世幾

［解答］

①たぬまおきつく（田沼意次）　②たきれんたろう（滝廉太郎）　③かつしかほくさい（葛飾北斎）　④いしかわたくほく（石川啄木）　⑤おおしおへいはちろう（大塩平八郎）　⑥につたよしさた（新田義貞）　⑦あらいはくせき（新井白石）　⑧ぬかたのおおきみ（額田王）　⑨とくかわいえはる（徳川家治）　⑩なつめそうせき（夏目漱石）

［問題7］

①比江堂能阿連　②宇衣須支遣无之无
③乃具知飛亭与　④江无丹无
⑤寸須支者類農不　⑥屋末遍乃安閑比止
⑦宇太加王飛路志希　⑧於堂能布那可
⑨登与止三比天与志　⑩止具閑王以衣也春

［解答］

①ひえたのあれ（稗田阿礼）　②うえすきけんしん（上杉謙信）　③のくちひてよ（野口英世）　④えんにん（円仁）　⑤すすきはるのぶ（鈴木春信）　⑥やまへのあかひと（山部赤人）　⑦うたかわひろしけ（歌川広重）　⑧おたのふなか（織田信長）　⑨とよとみひてよし（豊臣秀吉）　⑩とくかわいえやす（徳川家康）

Check 3

絵草紙などを読むための必須字を習得

字母が頭に入ったら、次は巻末の「48音くずし字一覧」で、各字母から派生したくずし字をチェックしよう。一覧に収録したくずし字は、江戸時代に用いられた代表的なものだ。マスターすれば、平仮名で書かれた江戸期の書物ならほぼ読めるようになるだろう。

ただ、浮世絵や絵草紙を読むだけなら、このすべてを覚えなくてもいい。浮世絵、絵草紙は読み書きにそれほど堪能でない庶民向けの商品であり、用いられるくずし字の種類は抑えられていたからだ。版木に字を彫るという工程を経るため、画数が多くて彫りにくい字を避ける傾向もあった。出てくるくずし字は、思いの外数が少ないのである。ことに妖怪系の絵草紙はそれが顕著だ。

絵草紙などに使われる主要字を、巻末付録の「48音くずし字一覧」のなかから字形の近いものを選んでみた。もちろん挙げた字ですべてをカバーできるわけではないが、おおむねこの範囲内で対応可能となるはずだ。今活用されている現用字体と同形のくずし字も結構入っていて、このレベルなら入門したての人も臆せず取り組めるのではないか。

同時に、これらは平仮名のくずし字全体において、重要なポジションを占める字でもある。ここで確実に身につけてしまえば、次へのステップアップも容易になる。

頻出字をマスターして絵草紙デビュー

＜あ行＞

「あ」安  阿 

「い」以  ＜注1＞

「う」宇  

「お」於  ＜注2＞

＜か行＞

「か」加  可    ＜注3＞

「き」幾  起 

「く」久  ＜注4＞ 

「け」計   介  

「こ」己  ＜注5＞

＜さ行＞

「さ」左 

「し」之   ＜注6＞ 志 

＜注1＞
この字体よりも、現用字体「い」に近い形で出てくることが多い。

＜注2＞
この字も現用字体「お」に近い形で登場してくることが多い。くずされると「あ＝安」に似るので注意を。

＜注3＞
「か＝加」よりも登場頻度は高い。くずれると「う＝宇」と酷似することも。小さく書かれることが多く、見落としやすい字でもある。

＜注4＞
二音以上の繰り返し記号と混同しやすい。繰り返し記号のほうが大きく書かれ、それで判断するしかない。

＜注5＞
現用字体「と」に似た字形で登場するケースが多々ある。ご用心の字だ。

＜注6＞
終筆は真っすぐか、右に流れるのが一般的だが、次の字につなげるため、左方向に曲げることもたまにある。

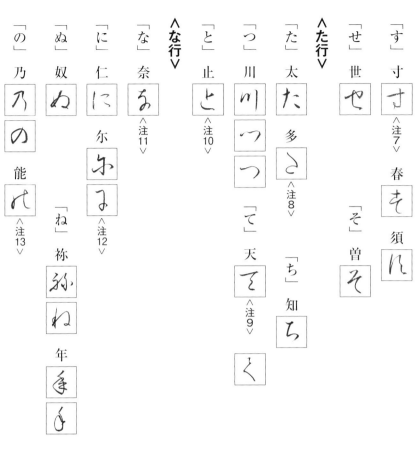

「す」寸〈注7〉　春　須

「せ」世　「そ」曽

＜た行＞

「た」太　多〈注8〉　「ち」知

「つ」川　「て」天〈注9〉

「と」止〈注10〉

＜な行＞

「な」奈〈注11〉

「に」仁　尓〈注12〉

「ぬ」奴　「ね」祢　年

「の」乃　能〈注13〉

〈注7〉この字形よりも現用字体の「す」に近い字形が多用される。

〈注8〉「た＝太」よりも登場頻度は高い。連綿に埋もれたり、小さく書かれたりすることが少なくなく、重要な字ではあるが難読字のひとつだ。

〈注9〉現用「て」に近い字形が多用される。

〈注10〉絵草紙では「こ＝己」に近い字形で書かれることもあるので注意を。

〈注11〉頻出文字のひとつ。バリエーションが多く、「る」と混同しやすい。

〈注12〉これも頻出文字のひとつ。字形のバリエーションが多いので注意しよう。

〈注13〉浮世絵によく登場する字形。文字中心の文献でよく見かける。

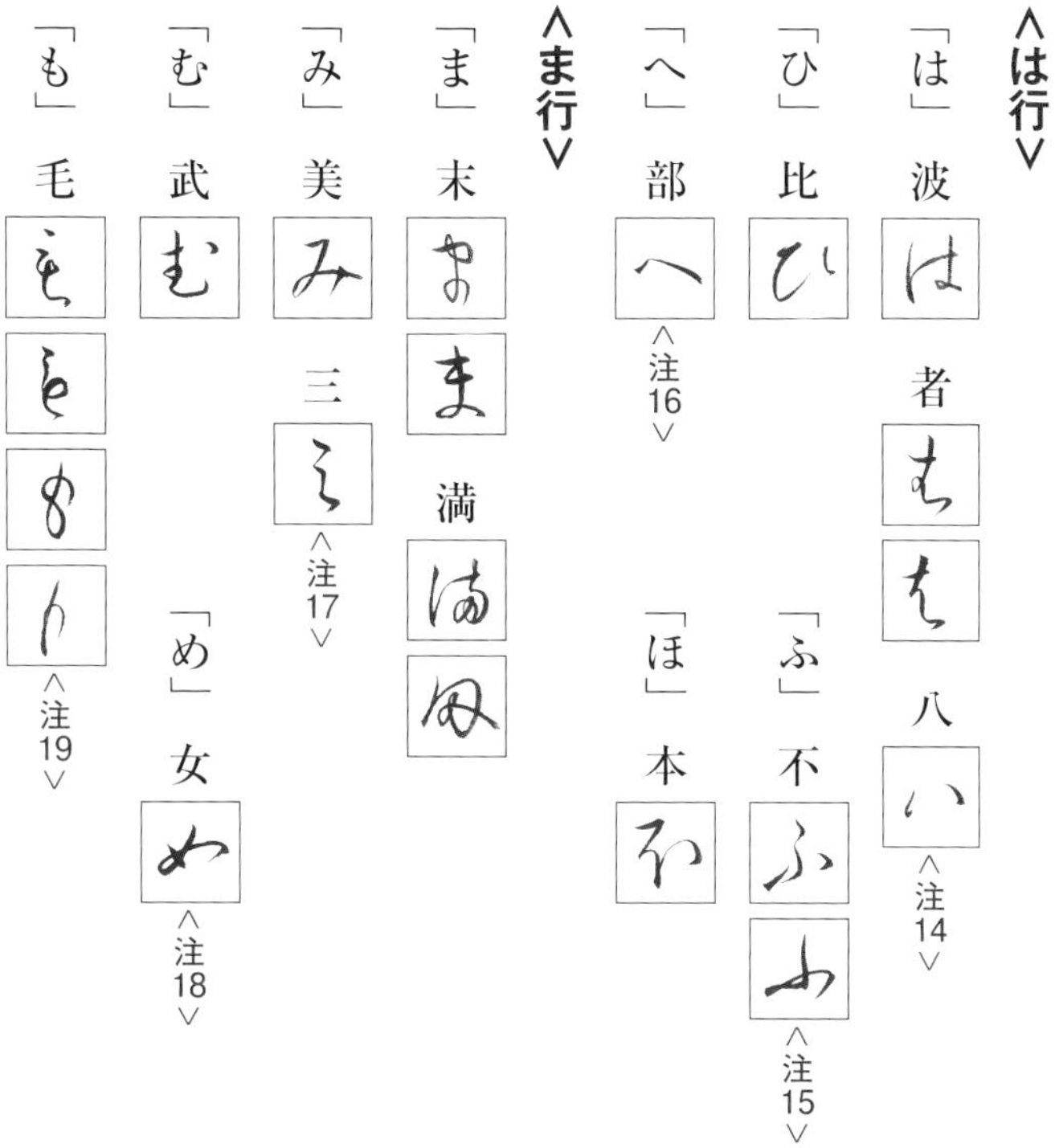

＜注14＞ 「い＝以」と近い字形で出てくることがあり、誤読しやすいので注意を。

＜注15＞ 頻出字「に＝尓」と字形が似ていて誤読しやすい。頭に左から入る横棒があれば「に＝尓」だ。

＜注16＞ くずれると「つ＝川」や「ん＝无」と字形が似てくる。ほぼ平らに書かれると連綿線のなかに埋没しがちだ。

＜注17＞ 比較的小さく書かれることが多く、うっかりすると見落としやすい。

＜注18＞ 現用字体の「め」に近い形でしばしば登場してくる。

＜注19＞ 「も＝毛」は入門者泣かせの字だ。現用字体の「も」に近いものから数字の「8」に似たものまで、様々な字形で登場してくる。

＜や行＞

「や」也  

「ゆ」由  ＜注20＞ 

「よ」与  ＜注21＞  ＜注22＞

＜ら行＞

「ら」良   ＜注23＞

「り」利  ＜注24＞ 里 

「る」留  ＜注25＞  ＜注26＞

「れ」礼  連 

「ろ」呂 

＜わ行＋ん＞

「わ」和   王 

「ゐ」為 

「ゑ」恵 

「を」遠 

「ん」无 

＜注20＞くずれ方によっては「や＝也」と字形が近くなる要注意の字だ。

＜注21＞この字形より、現用字体の「よ」に近い形で出てくることが多い。

＜注22＞「に＝尓」と似ているが、頭の始筆の入り方に違いがあり、そこで判断。

＜注23＞続け字で書かれると判読が難しく、「し＝之」と間違えることも。小さく描かれることもあって、難読の一字だ。登場する字形の種類も多い。

＜注24＞頻出文字だが「か＝可」と誤読しやすい。こちらのほうが大きく書かれるので、そこが判断ポイント。またくずれると「つ＝川」とも似てくる。

＜注25＞「ろ＝呂」と誤読しやすいが、終筆の小さな丸が「る＝留」の決め手。

＜注26＞「つ＝川」や「か＝可」と間違えやすいが、終筆に小さな丸があればおおむね「る＝留」だ。

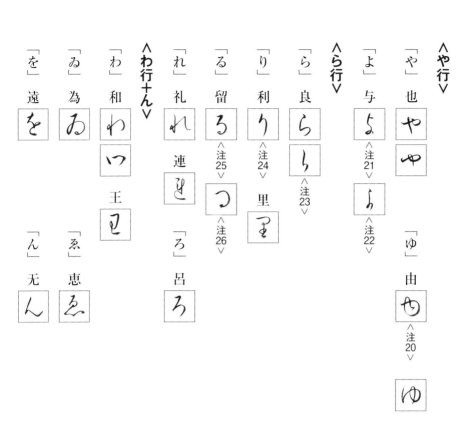

絵草紙類での登場頻度は低いが重要な字

＜あ行＞

「え」衣  江 

「お」於 

＜か行＞

「く」具 

「け」希 

「こ」古 

＜さ・た行＞

「さ」佐 

「つ」徒 

「て」亭 

＜な行＞

「な」那 

「に」耳  丹 

＜は行＞

「は」盤 

「ひ」飛 

「ふ」婦  布 

「へ」遍  

「ほ」保 

＜ら・ん行＞

「る」流  

「ろ」路 

「を」越 

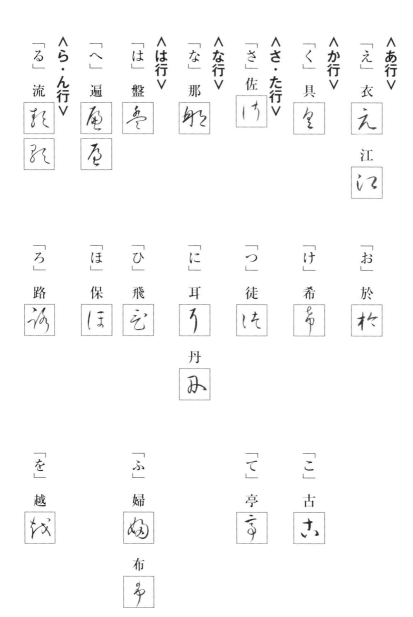

絵草紙などに出てくる漢字のくずし字

浮世絵や絵草紙には漢字も出てくる。それらが現用字体で出てきたり、ルビが振られていたりするのならいいが、くずし字で書かれると入門者にはハードルが高い。

掲載した絵草紙のなかから、漢字のくずし字をいくつか拾ってみた。平仮名の読解をテーマにするため深入りはしないが、より広範囲な書物に挑むためには、漢字に対する意識を高めておく必要がある。第二章からは読解のコーナーほかで漢字にもふれる。ぜひ参考にしてほしい。

事［こと］

云［いう］

也「なり」

所［ところ］

御［ご］

入［にゅう・い（る）］

道［どう・みち］

申［もうす］

合字「こと」も必修文字

左の画像は「こ＝己」と「と＝止」が合体したくずし字で、「こと」と読む。「こ」の下部が省略され、「と」とひとつながりで書かれた。絵草紙では頻出する文字だけに、しっかり頭に入れておきたい。

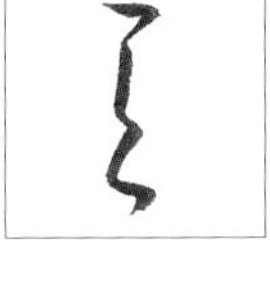

女［おんな・じょ］

郎［ろう］

心［こころ］

此［この］

物［もの］

思［おも（う）］

手［て］

世［よ］

少［すこ（し）］

候［そうろう］

見［み（る）］

国［くに］

給［たま（う）］

頻繁に出てくる繰り返し記号

浮世絵や絵草紙では繰り返し記号が多用される。平仮名で一字を繰り返す場合に用いられるのが（ア）で、二字以上のケースでは（イ）が使われる。（ウ）のように二字以上の繰り返し記号に濁点がつくときには、濁点が振られた位置の字が濁音になる。

（ア）

（イ）
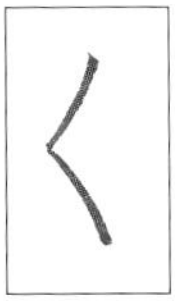

（ウ）
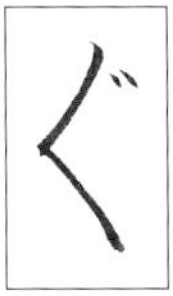

妖怪大爆発 in EDO

アイドルになった江戸の妖怪たち
史上空前の物の怪ブーム到来

妖怪フィーバーに火をつけた江戸時代後期の絵師鳥山石燕

古来より、物の怪は怪異を引き起こす悪しき存在と忌み嫌われ、また人間の暗い情念が仮託されて、人々の心の奥底で息づいてきた。

泰平の世が訪れた江戸前期、町人たちを中心に「百物語」という怪談遊びが流行した。

新月の夜更けに集い、百筋の灯心に火を点して、身も凍る話を交替でしていく。ひとつの怪談が終わるたびに灯心を一本ずつ抜いて室内を暗くしていくのだが、99話で止めるのがお約束とされた。100話を完結させると、本物の妖怪が闇の中に出現すると信じられていたからだ。

そんな闇の世界を支配する魑魅魍魎《ちみもうりょう》たちを、明るい場所に引っ張り出したのが絵師の鳥山石《とりやませき》燕《えん》である。妖怪図鑑の『画図百鬼夜行《がずひゃっきやぎょう》』（左ページ参照）を江戸後期の安永5（1776）年に刊行。同書は大ヒットを記録する。

人気を博した背景には、西洋から伝わった物事を分類して認知する博物学が庶民層まで浸透していたことに加え、町民たちの識字率向上に

鳥山石燕《とりやませきえん》が描いた江戸の妖怪たち

●国立国会図書館蔵

●ぬっぺっぽう

●濡女（ぬれおんな）

●飛頭蛮（ろくろくび）

●河童（かっぱ）

●獺（かわうそ）

●窮奇（かまいたち）

●網剪（あみきり）

●姑獲鳥（うぶめ）

●天狗（てんぐ）

●雪女（ゆきおんな）

●苧（お）うに

●山童（やまわらわ）

ともなう出版文化の隆盛があった。

石燕は続いて『今昔画図続百鬼《こんじゃくがずぞくひゃっき》』を発表し、以後、百鬼シリーズを重ねていった。

なお、石燕が描いた妖怪たちは漫画家水木しげるを通じて現代に甦り、作家の京極夏彦も材を採って多数の小説を発表している。その意味で石燕は今の妖怪ブームの遠祖といっていい。

妖怪を扱う絵草紙が出版ラッシュ いつしか物の怪たちもアイドルに

石燕が火をつけた妖怪ブームは、娯楽本である絵草紙に飛び火し、様々な化け物本が出版されるに至った。十返舎一九《じっぺんしゃいっく》や山東京伝も活躍の場を求め、多数の関連作品を残している。

絵草紙に描かれた妖怪たちは、さながらアイ

『百種怪談妖物双六(むかしばなしばけものすごろく)』歌川芳員・画(銘は一寿斎芳員)
●国立国会図書館蔵

北尾政美・画『夭怪着到牒（ばけものちゃくとうちょう』より。読みは72ページ参照
●国立国会図書館蔵

ドルだった。なかでも人気だったのは見越入道《みこしにゅうどう》で、多くの書物で主役を務めた。

彼らは愛すべき隣人として表現され、人間に馬鹿にされないために化け方を工夫する姿や、妖怪どうしの内輪もめ、生活費を稼ぐための苦労話も物語に盛り込まれた。もはや子どもですら物の怪を恐れない。子ども向けの妖怪双六が売れ、第四章に掲載した『変化物春遊《ばけものはるあそび》』では、大入道が子どもたちと楽しく遊んでいる。

さて、絵草紙を舞台にしたエンタメとしての妖怪物は、綱紀粛正を掲げた諸改革によって出版統制を受け、絵草紙もしだいに幕府に媚びた教訓話が中心になる。妖怪たちの出番は減っていった。牧歌的色彩の強かった妖怪ブームは、実質的に19世紀初頭で終焉を迎えるのだ。

歌川国芳・画『東海道四谷怪談』
●東京都立中央図書館特別文庫室蔵

『東海道四谷怪談』が契機となり芝居で幽霊物が爆発的人気を呼ぶ

勢いを失った絵草紙の妖怪物に代わり、庶民が関心を向けたのが歌舞伎の幽霊物だ。鶴屋南北が文政8（1825）年に『東海道四谷怪談』を上演すると、大入りの大盛況に。『累ヶ淵《かさねがふち》』や『番町皿屋敷』も人気演目として定着した。

一方、影の薄くなった妖怪だが、おどろおどろしさに転じて合巻《ごうかん》という読み物で命脈を保つが、明治になって文明開化のかけ声がかかると、非合理の象徴として退場を余儀なくされた。

妖怪が再び脚光を浴びるのは昭和43（1968）年、水木しげる原作の『ゲゲゲの鬼太郎』がテレビでアニメ放送されてからである。

第二章

読解力レベルアップ講座

『今昔百鬼拾遺《こんじゃくひゃっきしゅうい》』でスキルを磨く

ここからは絵草紙や浮世絵をテキストにした実戦編だ。
最初からスラスラ読めなくても一向に構わない。
つまずいた箇所には何度もチェックを入れ、
弱点を克服して確実にステップアップを図ろう。
まずは鳥山石燕が描いた『今昔百鬼拾遺』で腕試しを。

※漢字に振られたルビほか、かすれや滲みで判読しにくい作品もある。
※本文中の漢字でくずし方の大きいものは漢字を示した。

『今昔百鬼拾遺《こんじゃくひゃっきしゅうい》』より『芭蕉精《ばしょうのせい》』

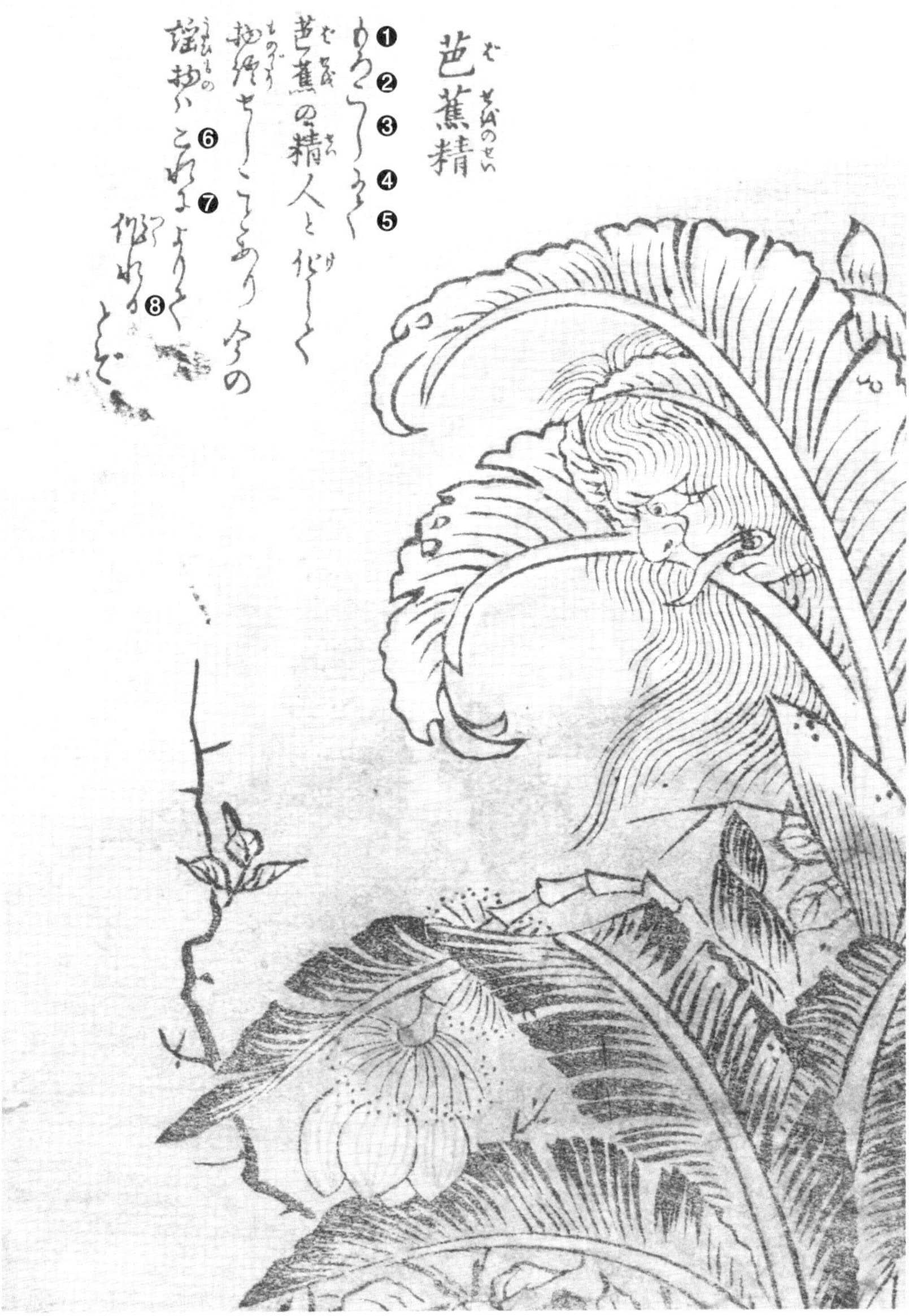

★作者&作品解説

『今昔百鬼拾遺』は鳥山石燕が描いた人気妖怪図鑑『百鬼』シリーズの三作目で、安永10(1781)年に刊行された。

●国立国会図書館所蔵

★次の□を詞書の読みで埋めよう

※漢字のルビの読みは（□）内へ。以下、同

芭蕉精（□□□□□□）

□□□□□□
芭蕉（□□□）□精（□□）人□化（□）□□
物語（□□□□□）□□□□□□　今□
謡物（□□□□□）□□□□□□□
作（□□）□□
□□

★読み

芭蕉精（ばせをのせい）

もろこしにて
芭蕉（ばせを）の精（せい）　人と化（け）して
物語（ものがたり）せしことあり　今の
謡物（うたひもの）は　これによりて
作（つく）れる
とぞ

★ザックリ現代語

もろこし（中国）に芭蕉の精が人に化ける物語があり、今の謡物（謡曲『芭蕉』）はこれによりつくられた。

●要注意文字

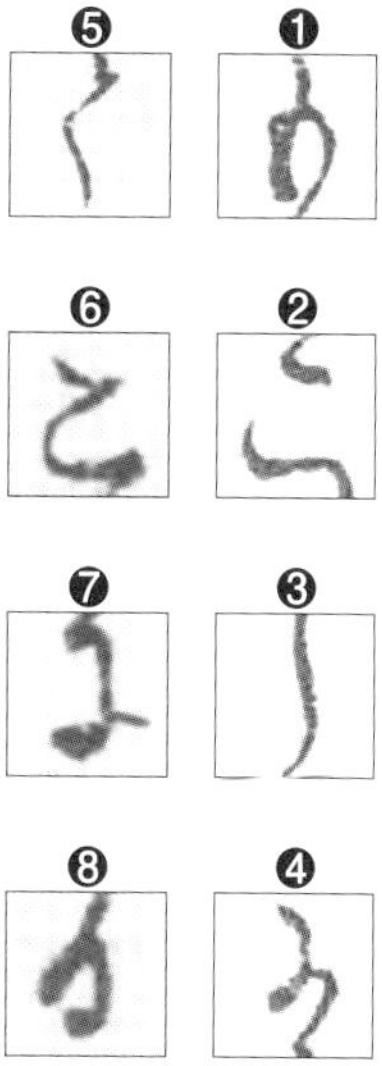

読解のツボ

かすれて見にくいが、漢字「芭蕉」のルビに「は＝者」と「を＝越」。同じく「物語」と「謡物」の読みにも「た＝多」が小さく書かれている。❶の「も＝毛」はくずし方で大きく字形を変えるのでご用心。❷と❻は同じ「こ＝己」だが、❻は「と＝止」と混同しやすい。絵草紙では❻のほうがポピュラーだ。❸「し＝之」は連綿線と間違えやすい。❹と❼はくずし方の異なる同じ「に＝尓」だ。絵草紙のみならず、よく登場する頻出字なので覚えておこう。❺は「て＝天」。❽「る＝留」はこれも頻出字。「つ＝川」や「な＝奈」と混同しやすいが、終筆で小さな丸が描かれる点が特徴だ。

『今昔百鬼拾遺』より『彭侯《ほうこう》』

●国立国会図書館所蔵

★次の□を詞書の読みで埋めよう

彭侯(□□□□)
千歳(□□)□木(□)□□精(□□)□□
状(□□□)黒狗(□□□□)
□□□□尾(□)□□面(□□□)
人□似(□)□□
又山彦(□□)□□別(□□)□□

★読み

彭侯(ほうこう)
千歳(さい)の木(き)には精(せい)あり
状(かたち)黒狗(くろいぬ)のごとし 尾(お)なし 面(おもて)
人に似(に)たり
又山彦(ひこ)とは別(べつ)なり

★ザックリ現代語

彭侯は千年の木の精で、形状は黒犬のようだが尾はなく、顔は人間に似ている。またヤマビコ(山彦)とは別の妖怪である。

●要注意文字

❶

❷

❸

読解のツボ

標題の彭のルビ「はう」は歴史的仮名遣いで、実際の読みは「ほう」。以下、歴史的仮名遣いが今後頻繁に登場するので、演習問題を通して慣れていこう。❶「は=八」は助詞として用いられることの多い頻出文字だ。❷「な=奈」も登場頻度の高い文字で、字体から「る=留」と混同しやすいが、「な=奈」のほうが下部の丸が大きい。❸は小さくて読みにくいが「た=多」である。前ページ『芭蕉精』の「物語」「謡物」のルビや、このページの「状」のルビにも出てきていて、重要な字なのでここでマスターしておきたい。

『今昔百鬼拾遺』より『小雨坊《こさめぼう》』

●国立国会図書館所蔵

★次の□を詞書の読みで埋めよう

小雨坊（□□□□□）
小雨坊（□□□□□）□雨（□□）
□□□□夜（□）
大□□□□□□□山中□徘徊（□□□□□）□□
斎料（□□□□□）□
□□□
□□

★読み

小雨坊（こさめばう）
小雨坊（こさめばう）は雨（あめ）
そぼふる夜（よ）
大みね　かつらきの山中に徘徊（はいくはい）して
斎料（ときりやう）を
こふと
なん

★ザックリ現代語

小雨坊（という妖怪）は雨がそぼ降る夜、大峰山や葛城山（ともに修験道の霊山）の山中を徘徊して、斎料（お布施）をくれと乞うとされる。

●要注意文字

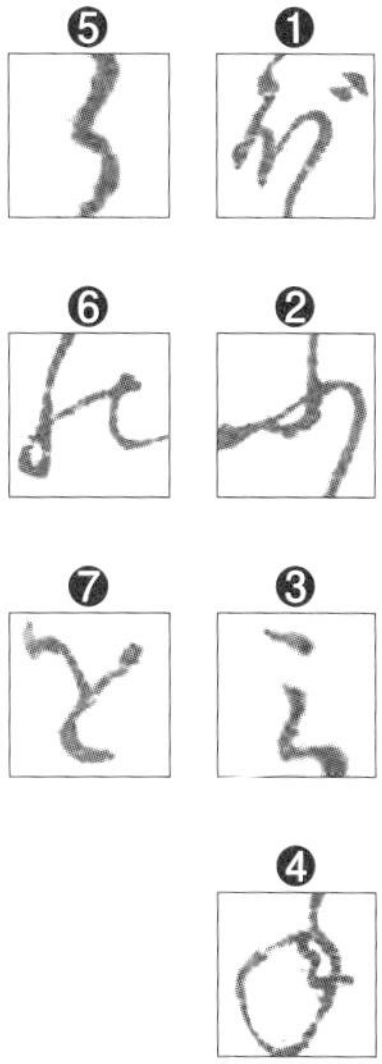

読解のツボ

❶は「ほ＝本」に濁点がついて「ぼ」。❷は「ふ＝不」だが、「に＝尓」と混同しやすい。頭の部分が真っすぐなのが「ふ＝不」で、頭の線が左側に出ていれば「に＝尓」である。また、左から右に延びる横線の膨らみが低いほうが「ふ＝不」だ。❸は「み＝三」で、小さく続け字で書かれるので判読が難しい。❹は「ね＝年」。❺は難字の「ら＝良」だ。くずされ方に種類があり、小さく流れるように書かれると見落としやすい。❻は「の＝能」。❼「を＝遠」でこの字も頻出字。

『今昔百鬼拾遺』より『火前坊《かぜんぼう》』

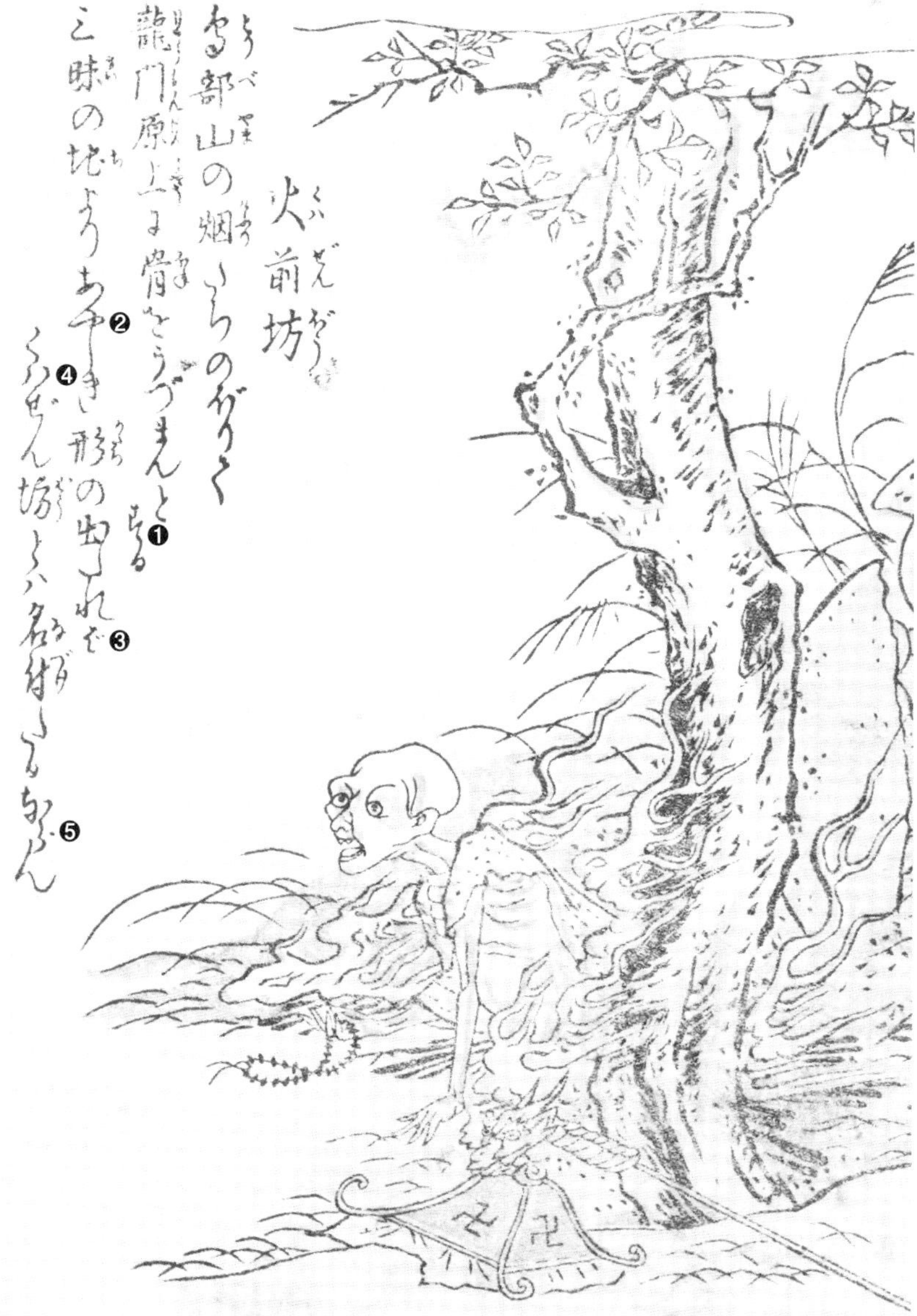

●国立国会図書館所蔵

★次の□を詞書の読みで埋めよう

火前坊（□□□□□□）
鳥辺山（□□□□□）□
烟（□□□）□□□□□□
龍門（□□□□□）原上（□□□□□）□
骨（□□）□□□□□□□□
三昧（□□）□地（□）□□□□□□
形（□□□）□出□□□
□□□□坊（□□）□□名付（□□□）
□□□□□

★読み

火前坊（くはぜんばう）
鳥辺山（とりべやま）の
烟（けふり）たちのぼりて
龍門（りやうもん）原上（げんじやう）に
骨（ほね）をうづまんとする
三昧（まい）の地（ち）より　あやしき
形（かたち）の出たれば
くはぜん坊（ばう）とは名付（なづけ）たるならん

★ザックリ現代語

焼き場の煙が立ち上る鳥辺山（京都の葬送地）。骨を埋める安寧の野から、突如（全身炎に包まれた）怪しい姿の妖怪が出現した。（鳥辺山の）火前坊と名前がつけられている。

●要注意文字

❶

❷

❸

❹

❺

読解のツボ

標題「火」のルビ「くは」は、歴史的仮名遣い。「烟」のルビの頭に「け＝ケ」があるが、かすれて見えにくい。また、「形」のルビに小さな「た＝多」があり、見落とさないようにしよう。❶は「す＝春」でこれも頻出文字だ。❷は「や＝也」だが、「ゆ＝由」と誤読しないように。❸は「は＝者」に濁点で「ば」。「は＝者」は重要文字で、古文書には頻繁に登場する。❹は「は＝八」だが、「い＝以」と字形が似ることがあるので気をつけたい。❺は「ら＝良」で、右に点がつき、『彭侯』で取り上げた「ら＝良」とはくずし方が異なっている。ちなみに、最後の行の「る＝留」はしっかり読めただろうか。

『今昔百鬼拾遺』より『影女《かげおんな》』

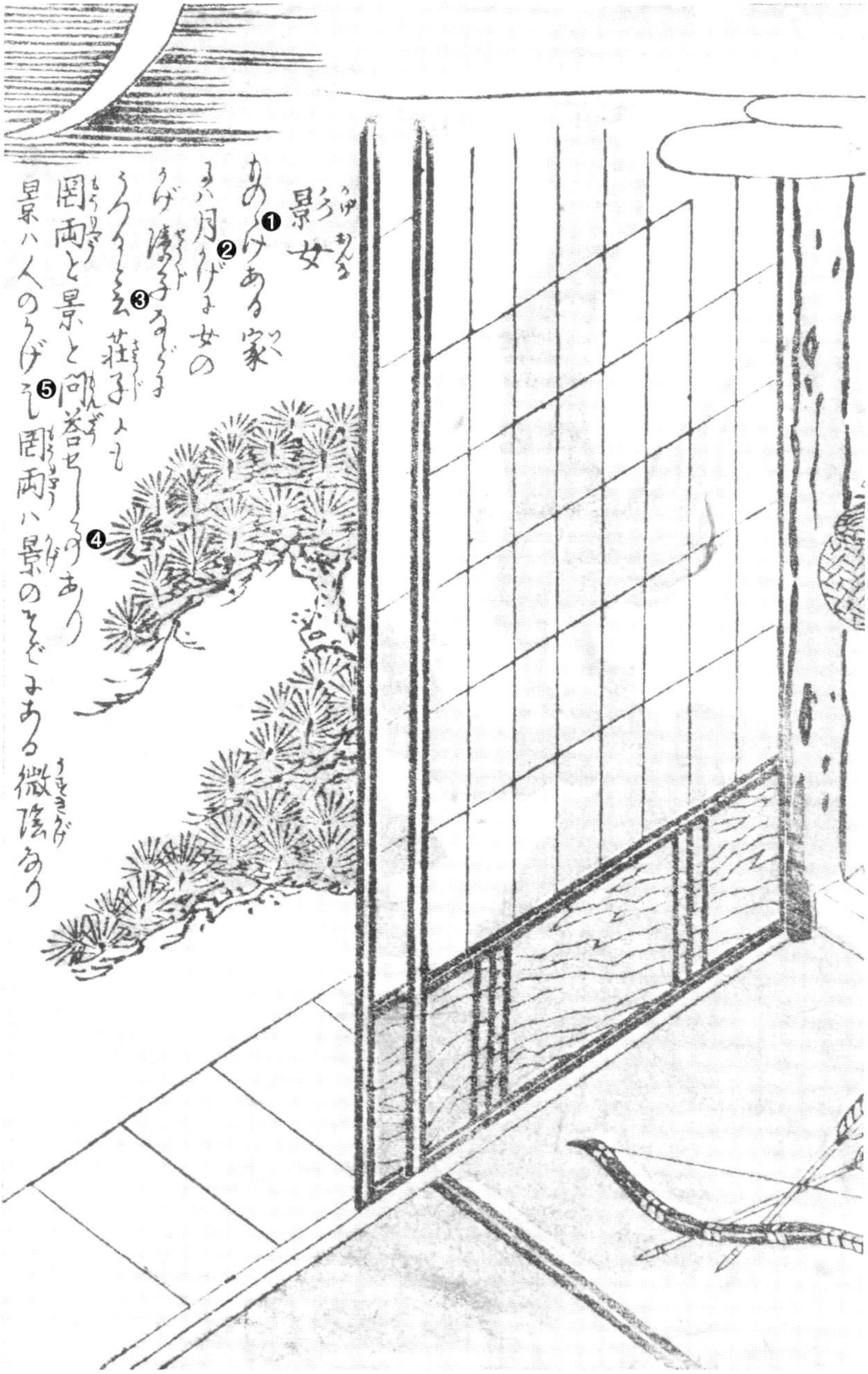

●国立国会図書館所蔵

★次の□を詞書の読みで埋めよう

影女（□□□□□）
□□□□□□家（□□）
□□月□□□女□
□□障子（□□□）□□□
□□□□云荘子（□□□）□□
罔両（□□□□□）□景□
問答（□□□□）□□事□□
景□人□□□也罔両（□□□□□）□
景（□□）□□□□□□微（□□□）陰（□□）□□

★読み

影女（かげおんな）
もののけある家（いへ）
には　月かげに女の
かげ障子（せうじ）などに
うつると云荘子（さうじ）にも
罔両（もうりやう）と景と問答（もんだう）せし事あり
景は人のかげ也（なり）　罔両（もうりやう）は
景（かげ）のそばにある微（うすき）陰（かげ）なり

★ザックリ現代語

物の怪がいる家では、障子などに女の月影が映るという。荘子（中国古代の思想家荘子が書いた書）にも魍魎の影についても問答したものがある。影は人の影だが、魍魎のそれは影のそばにある薄い陰である。

●要注意文字

❶

❷

❸

❹

❺

読解のツボ

「障子」と「荘子」のルビで、「し＝之」に濁点がついているのをお見逃しなく。❶は一字繰り返し記号で、前の「の」を続ける。❷は小さな「か＝可」。この字は比較的小さく書かれることが多く、見落としやすいだけでなく、一字繰り返し記号と間違えることもよくある。❸は漢字だが「いう」と読み、古文書ではしばしば見かける。なお「云々」は「うんぬん」と読み、「でんでん」は誤読なのでご注意を。❹は漢字「事」のくずし字だ。そして❺も漢字「也」のくずし字。「事」と「也」はルビが振られることなく黄表紙などに登場するので、字形をきっちり覚えておきたい。

『今昔百鬼拾遺』より『白粉婆《おしろいばば》』

●国立国会図書館所蔵

★次の□を詞書の読みで埋めよう

白粉婆(□□□□□□)
紅(□□)□□□□□神(□□)□
脂粉(□□□)仙娘(□□□□□)と
云□□□□□□□
此神□侍女(□□□)□□□□□□□□□□□
□□□□月夜(□□□)
女□□□□□□□□□□□□□

★読み

白粉婆（おしろいばば）
紅（べに）おしろいの神（かみ）を
脂粉（じふん）仙娘（せんじゃう）と
云　おしろいばばは
此神の侍女（ぢちよ）なるべし　おそろしきもの
しはすの月夜（つきよ）
女のけはひと　むかしよりいへり

★ザックリ現代語

白粉婆は紅白粉の神、脂紛仙娘の侍女で恐ろしい妖怪だ。師走の月夜の晩に、この妖怪が出没すると昔から伝わる。

●要注意文字

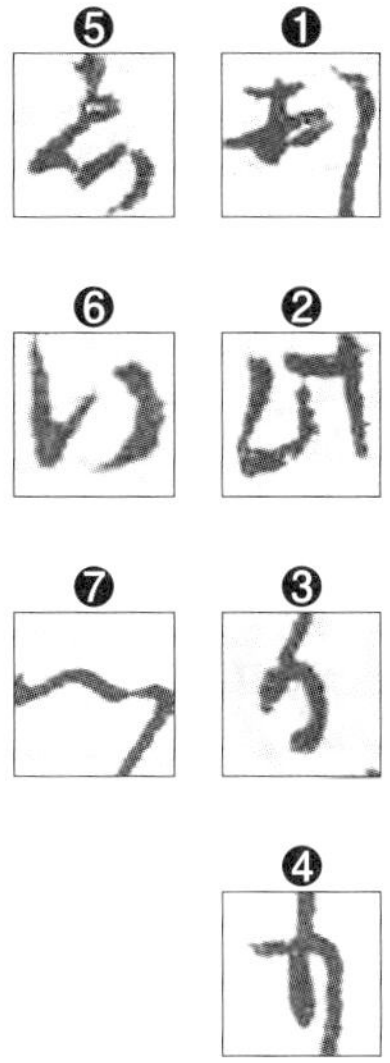

読解のツボ

標題「婆」のルビは、本文中にあるように「は＝者」に濁点と一字繰り返し記号で「ばば」。だが絵草紙では、ルビと本文の仮名に統一が図れていない場合がよくある。

❶の「お＝於」は特徴ある字形なので覚えておきたい。❷は漢字「此」（この）のくずし字。❸は終筆に小さな膨らみがあり、「つ＝川」「か＝可」ではなく「る＝留」だ。❹は「も＝毛」だが、かなりくずされている。❺は「し＝志」。漢字「脂」のルビにも濁点つきのこの字が入っている。❻は「い＝以」で、「は＝八」と酷似する。「い＝以」の始筆は内側からで、「は＝八」の始筆は外側からとされるが、その限りではないのでご注意を。❼は平らに書かれた「へ＝部」。

『今昔百鬼拾遺』より『夜啼石《よなきのいし》』

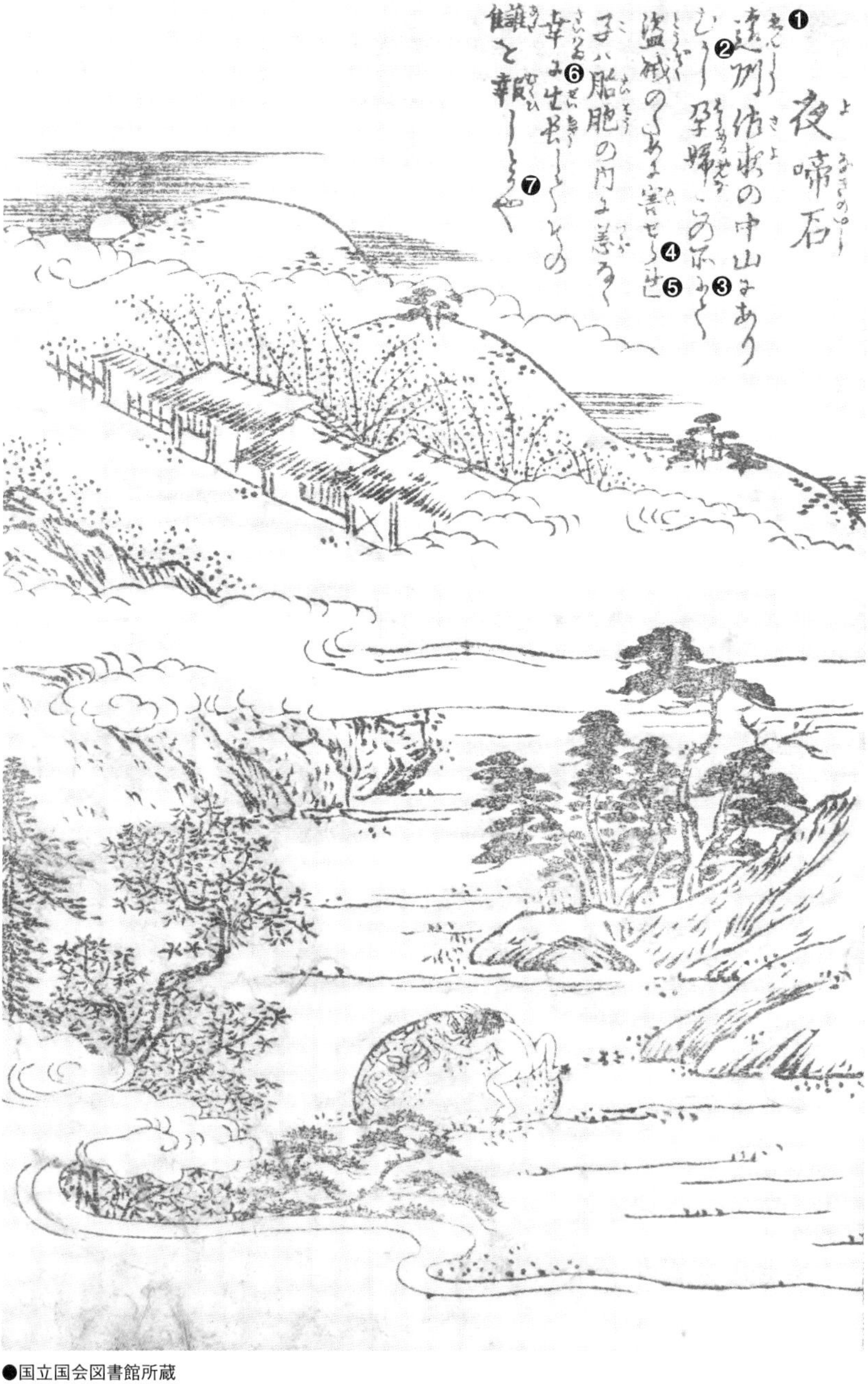

●国立国会図書館所蔵

★次の□を詞書の読みで埋めよう

夜啼石（□□□□□□）
遠州（□□□□）佐夜（□□）□中山□□□
□□□孕婦（□□□□□□□）□□所□□
盗賊（□□□□）□□□□害（□□）□□□
子（□）□胎胞（□□□□）□内□恙（□□□）□□
幸（□□□□）□成長（□□□□□）□□□□
讎（□□）□報（□□□）□□□□

★読み

夜啼石（よなきのいし）
遠州（ゑんしう）佐夜（さよ）の中山にあり
むかし孕婦（はらめるおんな）この所にて
盗賊（とうぞく）のために害（がい）せられ
子（こ）は胎胞（たいはう）の内に恙（つつが）なく
幸（さいはる）に成長（せいちやう）して　その
讎（あた）を報（むくひ）しとかや

★ザックリ現代語

夜啼石は遠州佐夜（小夜）の中山（静岡県掛川市の中山峠）にある。昔、妊娠した婦人がこの場所で盗賊に殺された。幸い赤ん坊は母の胎内（胎胞は嬰児を包む膜）で無事だった。成長した後、盗賊を見つけて敵を討って恨みを晴らしたという。

●要注意文字

❶

❷

❸

❹

❺

❻

❼

読解のツボ

❶「ゑ＝恵」、❻「ゐ＝為」は現代仮名遣いにはない字だから馴染が薄いかもしれない。❷は「う＝宇」と誤読しやすいが「か＝可」だ。「う＝宇」は通常「か＝可」より大きく書かれ、そこが判読の決め手になる。同様に❼も「か＝可」である。前述したように、とにかくこの字は小さく表記されるので読み飛ばしがち。小さくクルッと書かれたものがあれば、「か＝可」と思っていい。❸は漢字「所」のくずし字で、絵草紙にはしばしば登場する。さて❹は「ら＝良」だが、くずされて字形が大きく変化するので厄介だ。「か＝可」と同じく、一字繰り返し記号と間違えやすい。❺は「れ＝連」で、重要な字だから形を頭に入れておこう。

『今昔百鬼拾遺』より『人魚《にんぎょ》』

●国立国会図書館所蔵

★次の□を詞書の読みで埋めよう

人魚（□□□□）
建木（□□□□）□西□
□□人面（□□□□）□□□
魚身（□□□）足（□□）□□胸（□□）
□□上（□□）□人□□□
下□魚（□□）□似（□）□□是（□□）
氏人（□□□□）国□人□□
□□云

★読み

人魚（にんぎよ）
建木（けんぼく）の西に
あり　人面（にんめん）にして
魚（ぎよ）身（しん）　足（あし）なし　胸（むね）
より上（うへ）は人にして
下は魚（うほ）に似（に）たり　是（これ）
氏人（ていじん）国の人なり
とも云

★ザックリ現代語

人魚は建木の西に住んでいる。顔は人間と同じだが、姿形は魚身である。上半身は人にして下半身は魚に似ている。人魚は氏人国の人だともいわれる。

●要注意文字

❶

❷

❸

読解のツボ

「に＝尓」「り＝利」「し＝之」「な＝奈」「た＝多」「て＝天」など、何度も登場してきたくずし字が並び、読みやすかっただろう。ところで文中に4回出てくる「り＝利」だが、基本的なフォルムは「か＝可」に近い。「か＝可」は「り＝利」より小さく書かれることが多く、それが読解のコツである。だが、たまに小さく表記される「り＝利」もあって面倒だ。さて❶は「ね＝年」で、『小雨坊』にも出てきた。❷は頻出文字の「よ＝与」だが、「に＝尓」との違いは頭の横棒の方向。とはいえ、どちらも横棒が省略されることがあり、その場合には前後の関係から類推することになる。❸は「は＝盤」。画数が多くて版木に彫りにくいためか、絵草紙での登場頻度は比較的低い。

『今昔百鬼拾遺』より『蛇骨婆《じゃこつばば》』

●国立国会図書館所蔵

★次の□を詞書の読みで埋めよう

蛇骨婆（□□□□□□）
□□□□巫咸国（□□□□□）□女丑（□□□□）
□北（□□）□□□右□手□青（□□□）蛇（□□）
□□左□手□赤（□□□）蛇（□□）□□□
人□□□□蛇骨婆（□□□□□□）□
此国□人□或説□云
蛇塚（□□□□）□蛇（□□）五右衛門□
□□□□□□妻（□）□□
□□□蛇五婆（□□□□□）□
□□□□訛（□□□）□□
蛇骨婆（□□□□□□）□□□□
未詳

★読み

蛇骨婆（じやこつばば）
もろこし巫咸国（ぶかんこく）は女丑（ぢよちう）
の北（きた）にあり　右の手に青（あほき）蛇（じや）
をとり　左の手に赤（あかき）蛇（じや）をとる
人すめるとぞ　蛇骨婆（じやこつばば）は
此国の人か　或説に云
蛇塚（へびづか）の蛇（じや）五右衛門と
いへるものの妻（め）なり
よりて　蛇五婆（じやごばば）と
よびしを　訛（あやま）りて
蛇骨婆（じやこつはは）といふと
未詳

★ザックリ現代語

中国の巫咸国は女丑のいる北側に位置する。右手に青蛇。左手には赤蛇を持つ人が住むという。（妖怪の）蛇骨婆はこの国の人かもしれない。諸説あるが、蛇塚の蛇五右衛門というものの妻だとされ、よって蛇五婆と呼んだが、いつしか訛って蛇骨婆とされるようになったとか。くわしいことはわからない。

●要注意文字

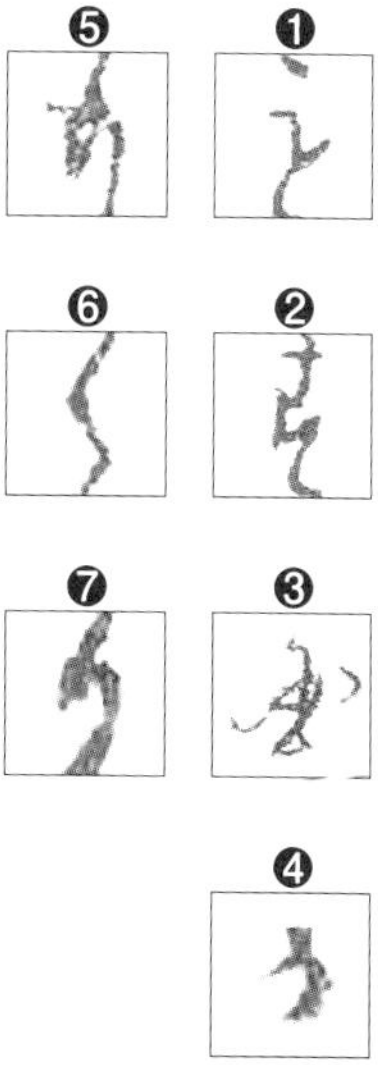

読解のツボ

❶は「も＝毛」だ。同じく❺も「も＝毛」で、この字はくずし方でまったく別の字に見えるからご用心を。❷は「す＝春」で『火前坊』でも取り上げた。絵草紙のみならず、古文書では頻繁に登場する重要な字なので確実に読めるようにしておきたい。❸は漢字「国（くに）」のくずし字。ちなみに、国の上の字は、『蛇骨婆』でふれた「此（この）」のくずし字。❹は小さいうえにかすれていて読みにくいが「か＝可」だ。❻は「く＝久」と読みたくなるが、一字繰り返し記号で、前の字「の＝乃」をあてる。❼は「か＝可」に見えるが、「り＝利」と読むのが正解である。一般的に「り＝利」は「か＝可」よりも大きく描かれるが、続け字にしたため小さくなってしまったようだ。

『今昔百鬼拾遺』より『蛇帯《じゃたい》』

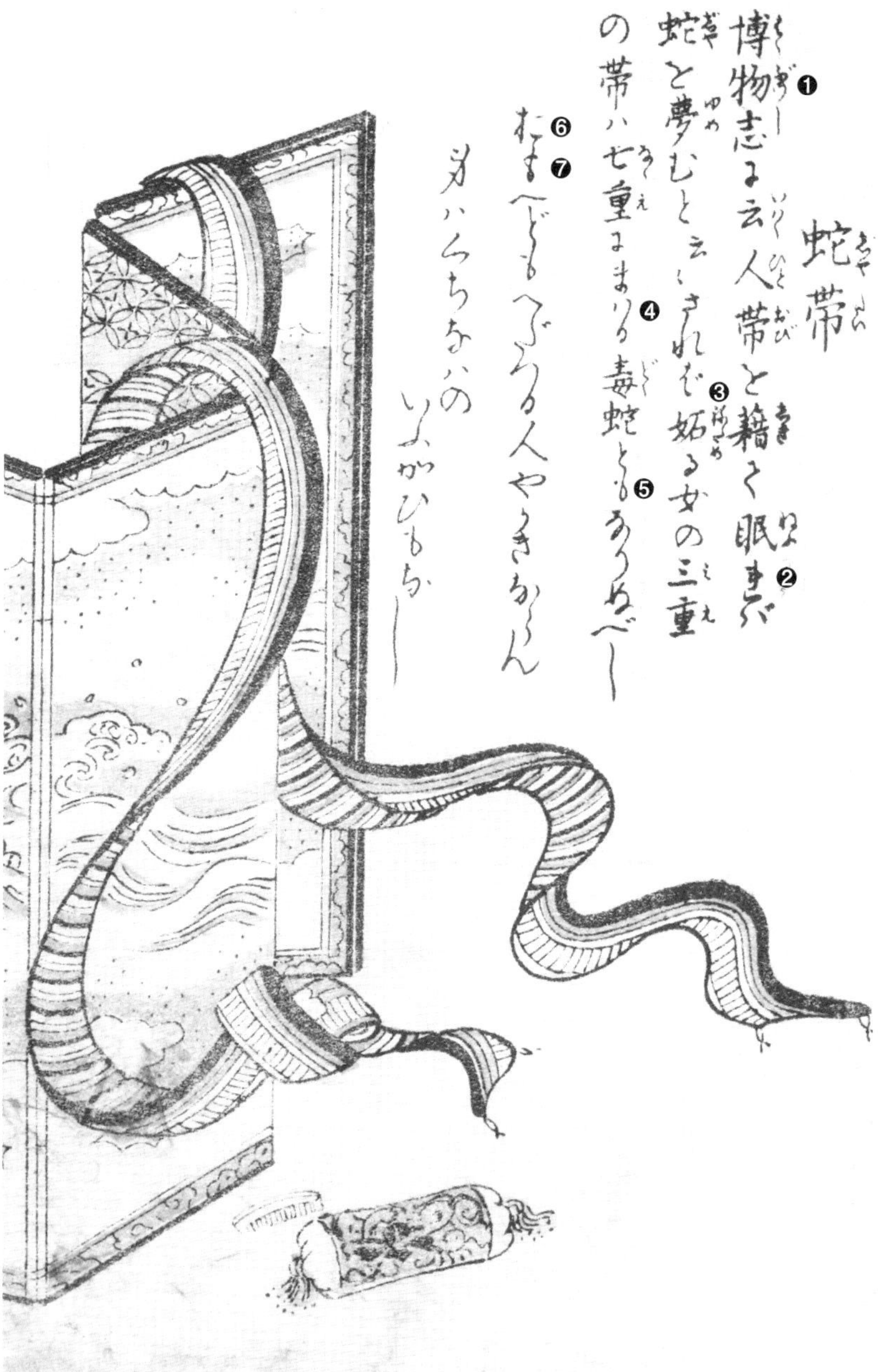

●国立国会図書館所蔵

★次の□を詞書の読みで埋めよう

蛇帯（□□□□）
博物志（□□□□□）□云（□□□）人（□□）
帯（□□）□藉（□□）□眠（□□）□□
蛇（□□）□夢（□□）□□云
□□□妬（□□□）□女□三重（□□）
□帯□七重（□□□）□□□□毒（□□）蛇□□
□□□□□
□□□□□□□□□人□□□□□□
身□□□□□□□□□□□□□

★読み

蛇帯（じやたい）
博物志（はくぶつし）に云（いはく） 人（ひと）
帯（おび）を藉（しき）て眠（ねふ）れば
蛇（じや）を夢（ゆめ）むと云
されば妬（ねため）る女の三重（みえ）
の帯は 七重（ななえ）にまはる毒（どく） 蛇とも
なりぬべし
おもへども へだつる人や かきならん
身はくちなはの いふかひもなし

★ザックリ現代語

博物志（中国の書）にこうある。帯を敷いて眠ると、人は蛇の夢を見るとのこと。されば嫉妬に狂う女が三重の帯を敷いて寝れば、（その情念が取り憑き）帯は七重に身をくねらせる毒蛇になるだろう。女の嫉妬心が蛇＝邪（妖怪）を生むという話。後段は歌になっている。思いを寄せる方に巻きついていたいけど、私をほどいて、あの女と睦まじくする。ああ、妬ましい。でも我が身は力の抜けた朽ちた縄（朽ち縄は蛇の異名）、どうすることもできずに、ああ恨めしい――。衝立の向こうで情事に耽る男に嫉妬した、女の気持ちをうたった歌だと思われる。

●要注意文字

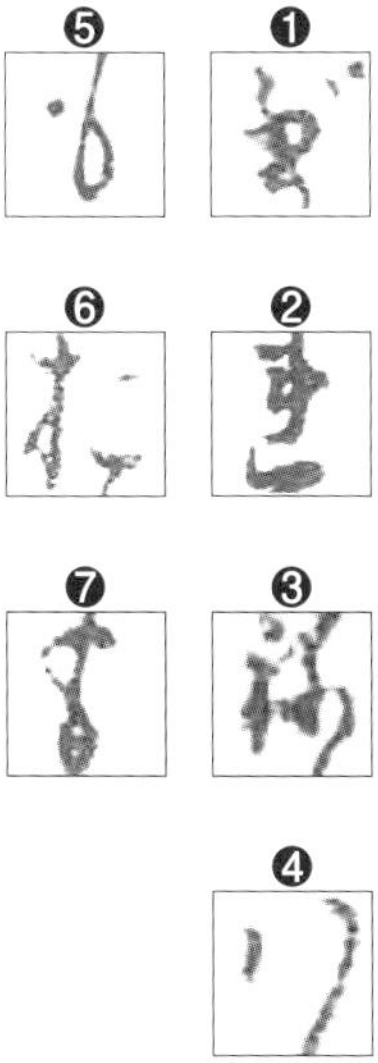

読解のツボ

❶は「ふ＝不」で、頻繁に登場する字なので、字形を記憶しておきたい。❷は「き＝幾」ではなく「れ＝連」。❸は「ね＝祢」。❹は「い＝以」ではなく「は＝八」。❺と❼は同じ「も＝毛」。❻は「お＝於」。

C　O　L　U　M　N

妖怪&怪談コラム

ともに異界の住人ながら出没する時間帯も違う幽霊と妖怪

江戸時代の三大幽霊話といえば、『四谷怪談』『番長皿屋敷』『累ヶ淵《かさねがふち》』というのが通り相場だ。いずれも恨みを飲んで非業の最期を遂げた女性の怨霊が、仇なした相手に祟るという内容。江戸後期には歌舞伎や講談が盛んに取り上げて喝采を浴びた。

文政8（1825）年に初演された『東海道四谷怪談』が、幽霊物の人気に火をつけた。作者の鶴屋南北はお岩の夫伊右衛門を悪逆非道の人物として描くことで、武士の虚飾を暴いてみせた。力を蓄え台頭してきた町民層に大受けした理由だとされる。

それ以前から続いていた妖怪ブームに、いわば幽霊が割り込んだ格好だが、そもそも妖怪と幽霊の違いとは何だろうか。

足のあるなしだと答える人が多いかと思う。下は月岡芳年《よしとし》が描いた『皿やしき　お菊の霊』だが、柳の木の下で身の憐れを嘆くお菊の膝から下部は透け、背後の古井戸が見えている。とはいえ足が描かれない妖怪もいて、判別の決め手にはならない。

民俗学の泰斗、柳田国男の分析はやはり鋭い。丑三《うしみ》つ時《どき》（午前2時半あたり）に出現するのが幽霊で、黄昏や暁の薄暗い時間帯に徘徊するのが妖怪だとした。

さらに幽霊は恨みをもつ相手の前にしか出てこないが、妖怪は対象を選ばないと指摘する。また妖怪はテリトリーがある程度決まっていて、特定の場所にしか現れないとした。正鵠《せいこく》を射た見解だろう。

ところで、長らく足のない幽霊画の祖は円山応挙とされてきたが、応挙以前にも存在し、今ではこの説は揺らいでいる。

月岡芳年・画『皿やしき　お菊の霊』。『新形三十六怪撰』中の一作で、芳年最晩年の明治23年の傑作

第二章

上達のための「千本ノック」
様々な絵草紙で場数を踏む

第二章が終了し、ある程度自信もついてきたのではないか。
だが、制作者が異なれば、選ばれる字や字体も変わる。
とにかくできるだけ数多くの作品に接して
トレーニングを積むことが、レベルアップの早道だ。
登場する妖怪たちも「頑張れ」と声援を送ってくれている。

※漢字に振られたルビほか、かすれや滲みで判読しにくい作品もある。
※本文中の漢字でくずし方の大きいものは漢字を示した。

『和漢百物語』より『宮本無三四《むさし》』

詞書
拡大

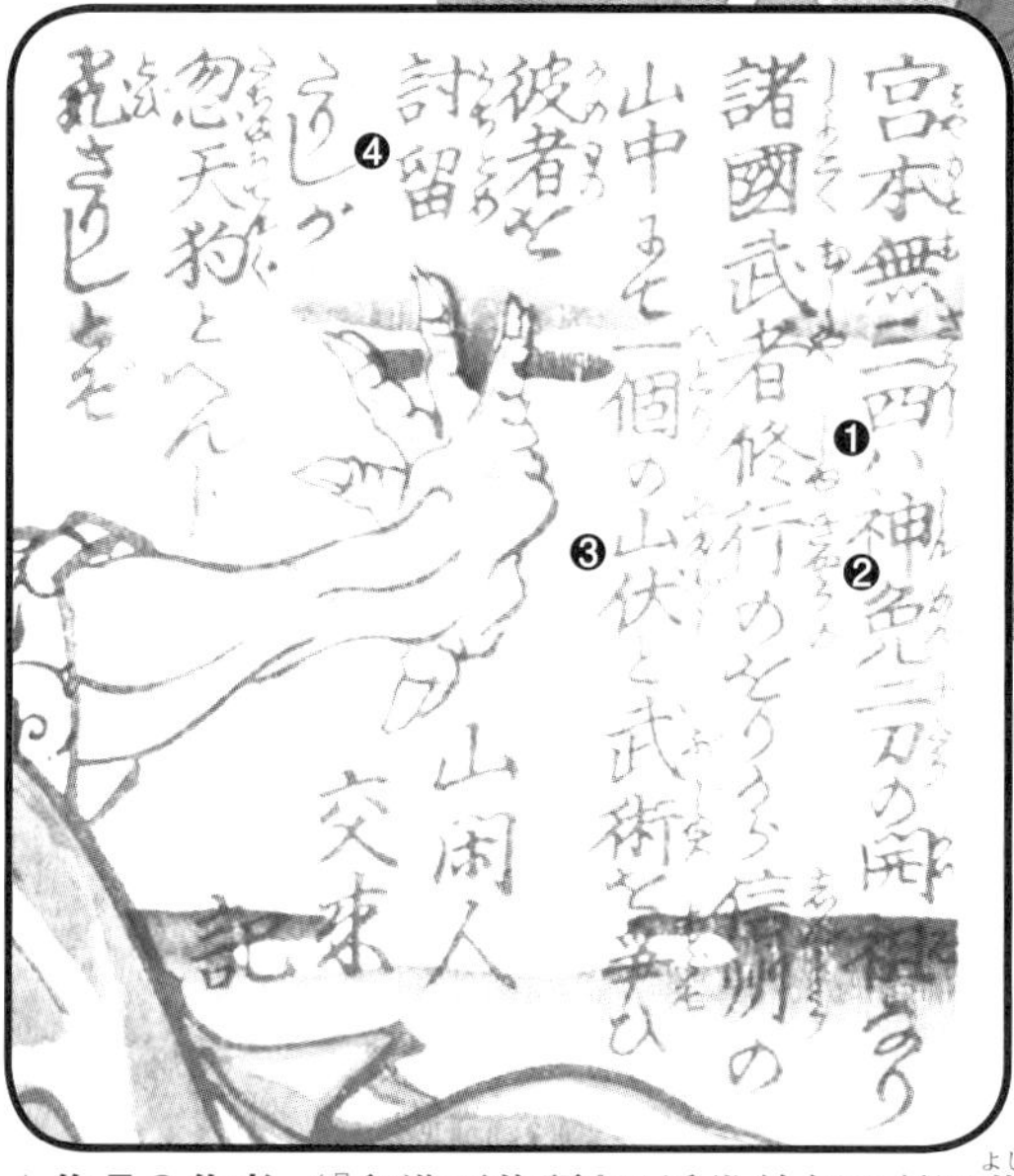

★作品&作者／『和漢百物語』は浮世絵師の月岡芳年《よしとし》と戯作者・仮名垣魯文《かながきろぶん》らが合作した、全26図の妖怪画シリーズ。日本や中国の怪談をベースに、英雄の活躍譚を描いた。刊行は幕末の慶応元（1865）年。芳年初期の作品だが、画面構成の冴えと躍動する筆致が素晴らしい。

●国立国会図書館所蔵

★次の□を詞書の読みで埋めよう

宮本(□□□□)無三四(□□□□)□神免(□□□□)二刀(□□□)□開祖(□□□)□□
諸国(□□□□)武者(□□□)修行(□□□□□□□)
□□□□□信州(□□□□)□
山中□□一個(□□□)□山伏(□□□□)□
武術(□□□□)□争(□□□)□
彼者(□□□□)□
討留(□□□□)
□□□□
忽(□□□□)天狗(□□□)□□□□
飛(□□)□□□□□

★ザックリ現代語

剣豪の宮本無三四（武蔵）は神免（新免）二刀流の開祖だ。武者修行で諸国をまわっていたとき、信州の山中で山伏と戦った。山伏に一太刀浴びせ、これを討ち取ったと思ったとき、山伏はたちまち天狗となって飛び去った。

★読み

宮本（みやもと）無三四（むさうし）は神免（しんめん）二刀（にたう）の開祖（かいそ）なり
諸国（しよこく）武者（むしや）修行（しゆきやうの）
のをりから　信州（しんしう）の
山中にて　一個（ひとり）の山伏（やまぶし）と
武術（ぶじゆつ）を争（あらそ）ひ
彼者（かのもの）を
討留（うちとめ）
たりしが
忽（たちまち）天狗（てんぐ）とへんじ
飛（とび）さりしとぞ

読解のツボ

ルビに書かれた❶と❷は似ているが、❶は「ゆ＝由」で、❷は「や＝也」だ。❸は「ま＝満」で、絵草紙にはしばしば登場するくずし字だ。❹「し＝之」は下方に延びるだけでなく、L字型に描かれることがよくある。なお、修行についているルビ末の「の」は余計だ。

『和漢百物語』より『頓欲《どんよく》の婆々《ばばあ》』

詞書拡大

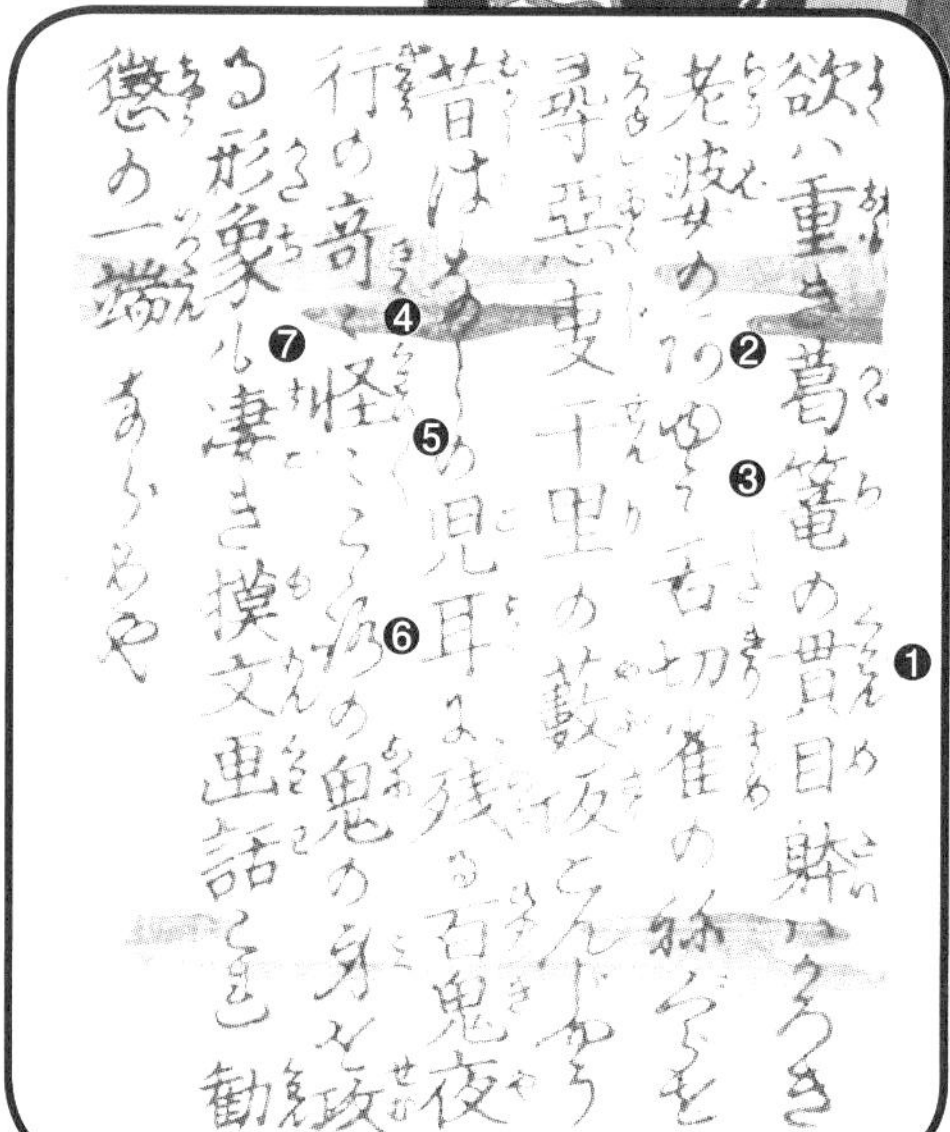

●国立国会図書館所蔵

★次の□を詞書の読みで埋めよう

欲(□□)□重(□□)□葛篭(□□□)□
貫目(□□□□)躰(□□)□□□□
老婆(□□□)□□□舌切(□□□□)
雀(□□□)□□□□□
尋(□□□□)悪事(□□□)千里(□□□)□
藪坂(□□□□)□□□□□
昔(□□□)□□□□児耳(□□□)□
残(□□)□百鬼(□□□□)夜(□)
行(□□□)□奇ゝ(□□)怪ゝ(□□□□□□)
□□□□鬼(□□)□身(□)□攻(□□)
□形象(□□□)□凄(□□)□
摸文画話(□□□□□□)□□勧(□□□)
懲(□□□)□一端(□□□□)□□□□

★ザックリ現代語

（『舌切り雀』の強欲婆さんの話）。体は軽いのに重い葛篭に目がくらんだ欲深婆さんは、うきうきと軽い足取りで舌切り雀のねぐらを訪ねた。家に持ち帰って葛篭を開けてみると、子どもの耳にも残っている昔話の百鬼夜行さながらに、妖怪たちが次々に飛び出してきた。悪事千里を走るというが、この姿形も恐ろしいももんが（妖怪）出現の話が、心の鬼を諌める世の勧善懲悪の一助になればいい。※藪坂こんじょうは「やぶさかな根性」で、「けちな性格」の意味。

★読み

欲（よく）は重（おも）き葛篭（つづら）の
貫目（くわんめ）躰（たい）はかろき
老婆（らうば）のあゆみ　舌切（したきり）
雀（すずめ）のねぐらを
尋（たづねし）　悪事（あくじ）千里（せんり）の
藪坂（やぶさか）　こんじやう
昔（むかし）ばなしの　児耳（こみみ）に
残（のこ）る　百鬼（ひやつき）夜（や）
行（ぎやう）の奇々（きき）怪々（くわいくわい）
こころの鬼（おに）の身（み）を攻（せむ）
る形象（かたち）も凄（すご）き
摸文画話（ももんくわわ）　これ勧（くわん）
懲（ちやう）の一端（いつたん）ならめや

読解のツボ

❶は「わ＝王」。❷は「あ＝阿」である。❸は「そ＝曽」ではなく「み＝三」。❹❺は繰り返し記号だ。なお「奇」に「きき」とルビ振りされているのは誤りか？❻は「ろ＝路」。❼は大きくくずれた「も＝毛」。

『和漢百物語』より『田原藤太秀郷《たわらのとうたひでさと》』

詞書拡大

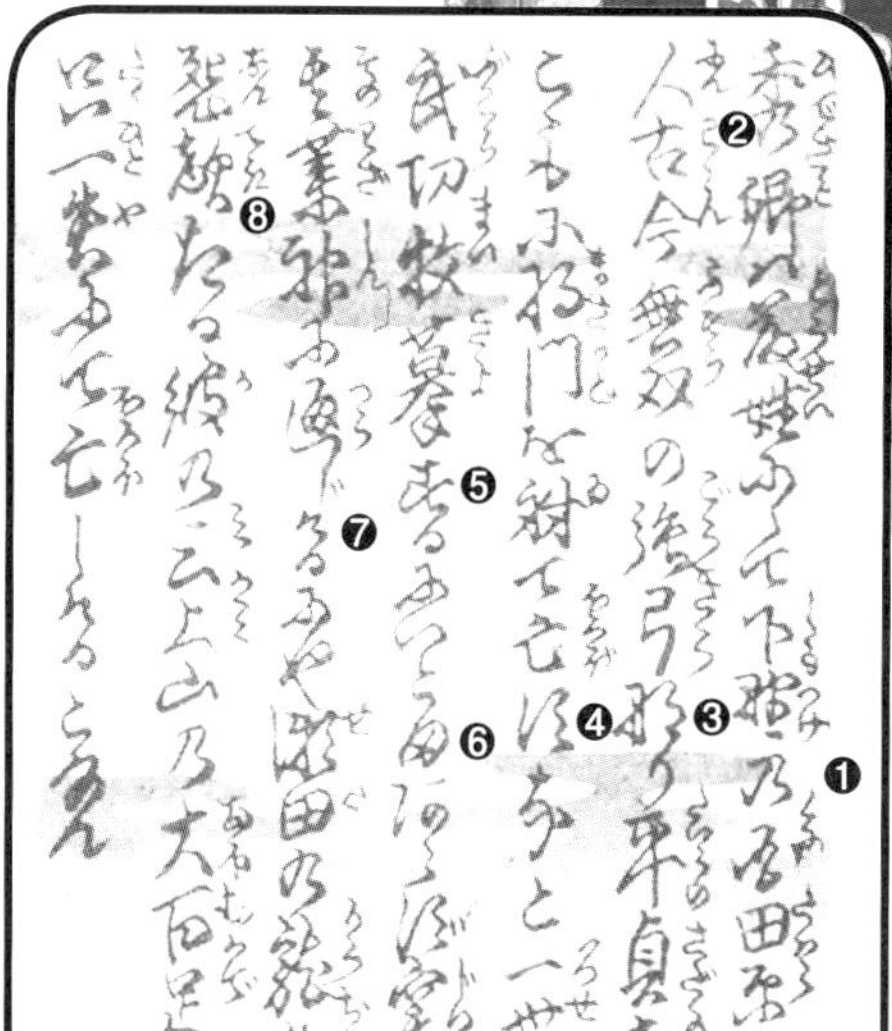

●国立国会図書館所蔵

★次の□を詞書の読みで埋めよう

秀郷(□□□□)□藤姓(□□□□)□□□
下野(□□□□)□国(□□)田原(□□□)□住(□□)
人(□□)古今(□□□)無双(□□□)□
強弓(□□□□)□□平貞盛(□□□□□□□□)
□□□□将門(□□□□)□射(□)□亡(□□□)
□□□一世(□□□)□
武功(□□□)枚挙(□□□□)□□□□□□□□□
実(□□)□
其(□□)業(□□)神(□□)□通(□□)□□□□□
瀬田(□□)□龍女(□□□□)□
怨敵(□□□□)□□彼(□)□三上(□□□)
山□大百足(□□□□□)□
只(□□)一矢(□□□)□□亡(□□□)□□□□□□

★ザックリ現代語

秀郷（俵藤太）は藤原氏の一族にして、下野（栃木県）田原の住人。古今名だたる弓の名手だ。平貞盛とともに（平）将門を弓で射って滅ぼすなど、武功は枚挙のいとまがない。実にその業は神に通じる。瀬田（琵琶湖湖岸）の龍女を悩ましてきた三上山の大百足も、秀郷はたった一本の矢で退治したという。

★読み

秀郷（ひでさと）は藤姓（とうせい）にして
下野（しもつけ）の国（くに）田原（たはら）の住（ぢう）
人（にん）　古今（ここん）無双（ふそう）の
強弓（ごうきう）なり　平貞盛（たいらのさだもり）
とともに　将門（まさかど）を射（ゐ）て亡（ほろぼ）
すなと　一世（いつせ）の
武功（ぶこう）枚挙（まいきよ）するにいとまあらず
実（じつ）に
其（その）業（わざ）神（しん）に通（つう）じけるにや
瀬田（せた）の龍女（りうぢよ）が
怨敵（おんてき）たる　彼（か）の三上（みかみ）
山の大百足（おほむかで）を
只（たた）一矢（ひとや）にて亡（ほろほ）しけるとなん

読解のツボ

❶は「の＝乃」で字母に極めて近い字形だ。❷は「こ＝己」。❸は「な＝那」。この字は浮世絵によく出てくる。❹は「す＝須」。❺は「す＝春」で頻出度が高い。❻は「ま＝満」で、登場頻度は低いが重要な字である。❼は「け＝介」。❽のルビは「き＝起」。

『和漢百物語』より『清姫《きよひめ》』

詞書拡大

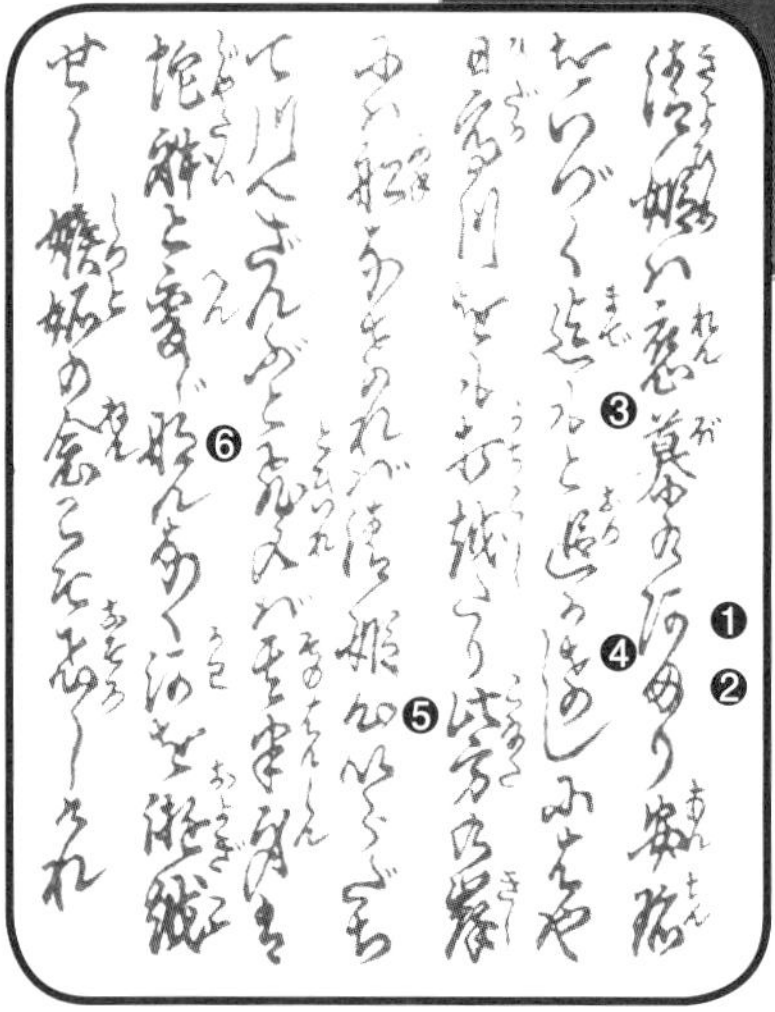

●国立国会図書館所蔵

★次の□を詞書の読みで埋めよう

清姫(□□□□)□恋慕(□□□)□□□□
安珍(□□□□)
□□□□迄(□□)□□追(□□)□□□□□□
日高(□□□)川□□打越(□□□□)□□
此方(□□□)□岸(□□)
□□船(□□)□□□□清姫心□□□□
□川□□□□□飛入(□□□□)□其(□□)
半身(□□□□)□
蛇躰(□□□□)□変(□□)□□□□□
河(□□)□游越(□□□□)
□□嫉妬(□□□)□念(□□)□□
恐(□□□)□□□

★ザックリ現代語

清姫は恋慕のあまり安珍をどこまでも追いかける。日高川までやってきて、これを越えようとするが、渡し船がない。苛立った清姫は川に飛び込むが、その半身は蛇体に変わっていた。嫉妬とは恐ろしいものだ。※芝居や浄瑠璃で知られる「安珍清姫」の物語から日高川越えの場面。僧の安珍に袖にされたことを恨み、清姫は蛇となって安珍を追いかける。濡れた髪を咥えた清姫の表情が背筋を寒くする。

★読み

清姫（きよひめ）は恋慕（れんぼ）のあまり
安珍（あんちん）
を　いづく迄（まで）もと追（おつ）かけしに　はや
日高（ひだか）川をも打越（うちこし）たり
此方（こなた）の岸（さし）
には船（ふね）なければ　清姫心いらだち
て川へざんぶと飛入（とひいれ）ば其（その）
半身（はんしん）は
蛇躰（じやたい）と変（へん）じ　なんなく
河（かわ）を遊游（およぎこ）
せし　嫉妬（しつと）の念（ねん）こそ
恐（おそろ）しけれ

読解のツボ

❶は「あ＝阿」で、❷は「ま＝満」。❸は字形変化の多い「も＝毛」のいちパターン。❹は「け＝遣」だが、このくずし字は「さ＝左」や「を＝遠」と似ているので注意しよう。浮世絵には登場するが、絵草紙では登場頻度は低い。❺は漢字「心」のくずし字。❻は「な＝那」で、浮世絵によく出てくる。

『髪切の奇談』より——①

★作品&作者／江戸の番町（東京都千代田区）のある屋敷で起きた、髪切と呼ばれる妖怪の出現を報じた錦絵。作者は浮世絵師の歌川芳藤で、歌川国芳の門人。刊行は慶応4（1968）年閏4月。※明治元年は9月から

●東京都立中央図書館特別文庫室蔵

★次の□を詞書の読みで埋めよう

髪切(□□□□)□奇談(□□□)
諺(□□□□)□野暮(□□)□化物(□□□□)□□□
□□□□夫(□)□□□奇怪(□□□□)
珍説(□□□□)□□□□□□□□
頃(□□)□四月廿日□事(□□)□□□□
所(□□□)□番(□□)町邉(□□)□□□
御屋敷(□□□□)□年□□
奉公(□□□□)□□女中或(□□)夜半(□□□)
□頃寝所(□□□□)□□□□□
厠(□□□)□行(□□)□□何者(□□□□)
共(□□)□□□
真黒(□□□□)□□□□突然(□□□□)□
来(□□)□□

★ザックリ現代語

　野暮と怪談はいいっこなしとされるが、そもそも奇妙な話はなきにしもあらず。四月二十日のこと。番町のあるお屋敷に長年奉公している女中が、夜半頃に起きてトイレに立った際、何者かもわからない真っ黒なものが突然現れ（※以下②へ）。

★読み

髪切（かみきり）の奇談（きだん）
諺（ことはざ）に野暮（やぼ）と化物（ばけもの）なしと
いへども　夫（そ）もまた奇怪（きくわい）
珍説（ちんせつ）なきにしもあらず
頃（ころ）は四月廿日の事（こと）なりしが
所（ところ）は番（ばん）町邉（へん）のさる
御屋敷（おやしき）に年ころ
奉公（はうこう）せし女中　或（ある）夜半（やはん）
の頃　寝所（ねどころ）よりおきて
厠（かはや）に行（ゆき）しに　何者（なにもの）
共（とも）しらず
真黒（まつくろ）なるもの　突然（とつぜん）と来
（きた）りて

読解のツボ

❶は「わ＝王」。❷は「に＝尓」。❸は「か＝可」。❹は「の＝能」で、❺は「る＝類」である。❻は「に＝耳」で、❼は「ろ＝路」。❽は「し＝志」で、極めて登場頻度が高い字。

『髪切の奇談』より――②

●東京都立中央図書館特別文庫室蔵

★次の□を詞書の読みで埋めよう

頭(□□□)□當(□□)□□覚(□□)□□□否(□□)
俄(□□□)□
倒(□□)□□人事(□□□)□知□□此(□□)
物音(□□□□)□
驚(□□□)□□人ゝ集(□□□)□介抱(□□□□)
□□□□
漸(□□)正気(□□□□)□成(□□)□□
然(□□)□□髻(□□□□)□
落(□□)□二三間□□□□□処□□□
其(□□)真黒(□□□□)□□物□猫□
如□□□□恰(□□□)□天鵞賊(□□□□)
□□□□□□□□□是□
正(□□)□□書□出□□□
爰(□□)□□□□□
□□也

★ザックリ現代語

頭に何か当たった気がしたが、女中は卒倒してしまった。物音に気づいた家人たちが集まってきて介抱すると、正気を取りもどした。だが、髻は切られ、二、三間離れた場所に落ちていた。現れた真っ黒なものは、まるで猫のように全身ビロードをまとったような姿だったそうだ。この話はちゃんとした本に載っていたもので、それをここに描いてみた。

★読み

頭（かしら）に當（あた）ると覚（おぼ）ゆるが否（いな）
俄（にはか）に
倒（たほ）れて人事（じんじ）を知らず　此（この）
物音（ものおと）に
驚（をどろ）きて人々集（あつま）り　介抱（かいはう）
せしかば
漸（やや）正気（しやうき）に成（なり）たり
然（しか）るに髻（もとどり）は
落（おち）て　二三間はなれたる処にあり
其（その）真黒（まつくろ）なる物は　猫の
如くにして　恰（あたか）も天鵞賊（びらうど）
のごとくなりしとぞ　是は
正（ただ）しき書に出たるを
爰（ここ）にあらはす
もの也

読解のツボ

❶は「ゆ＝由」。❷は「れ＝連」。❸は「り＝里」で❹は「に＝尓」だ。以上4つのくずし字は頻出文字である。❺は「こ＝己」と「と＝止」を合わせた合字で、「こと＝事」。ちなみに上の「こ」に濁点が振られているから「ごと」と読む。❻は「す＝春」。

●東京都立中央図書館特別文庫室蔵

『天怪着到牒《ばけものちゃくとうちょう》』より──①

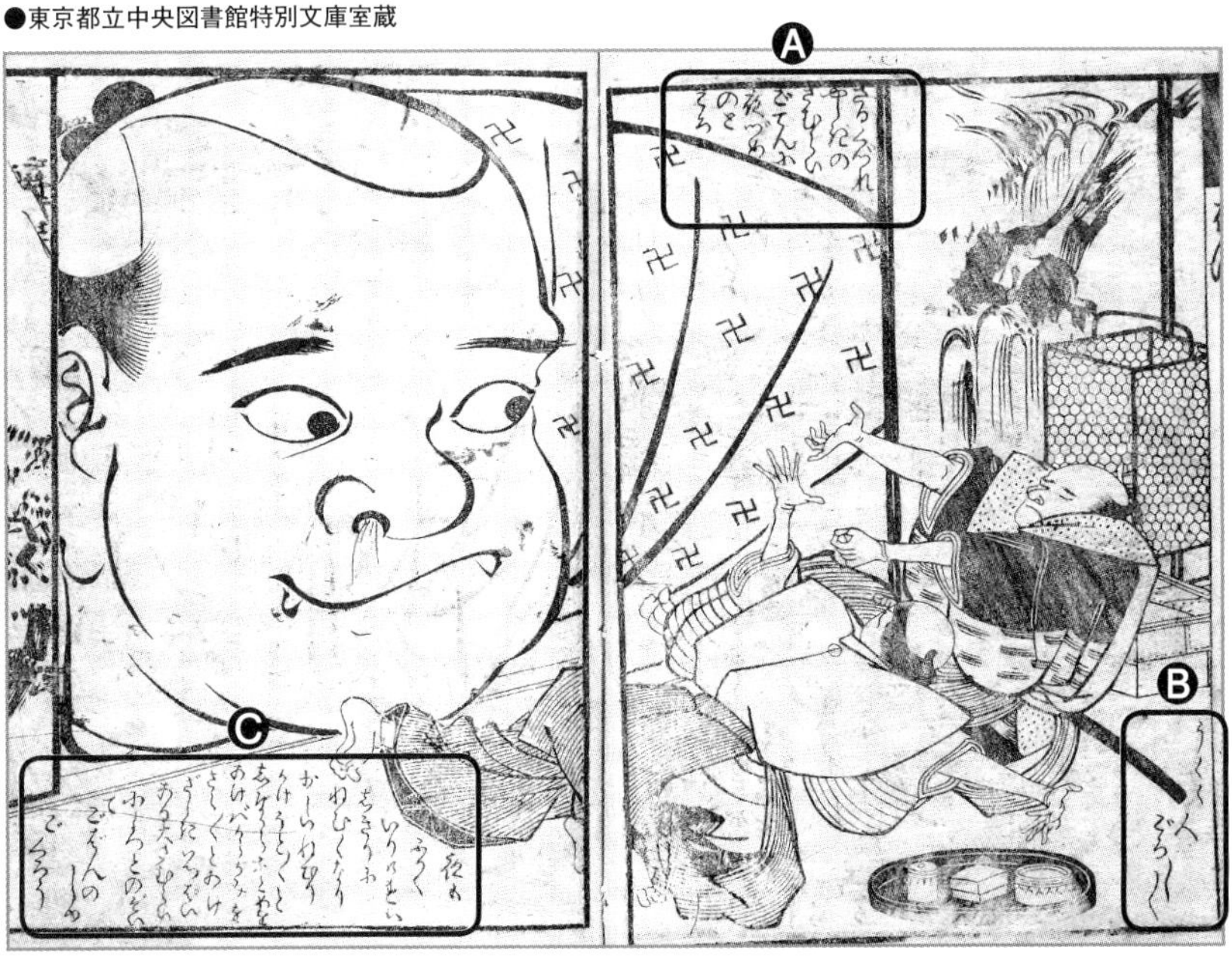

★作品&作者／天明8（1788）年に刊行された北尾政美・作画の絵草紙。妖怪たちの紹介記事のような体裁で、一貫したストーリーはない。北尾政美は、葛飾北斎のライバルとも目された人気浮世絵師で、100点を超える多数の黄表紙を出版した。

詞書拡大A

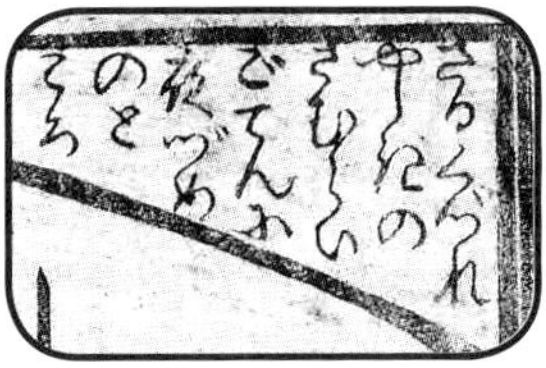

★次の□を詞書の読みで埋めよう

□□□□□
□□□□
□□□□
□□□□
夜□□
□□
□□

★読み

さるくづれ
やしきの
さむらい
ごてんに
夜づめ
のと
ころ

★ザックリ現代語

あるおんぼろな武家屋敷で侍が寝ずの番をしていると……。

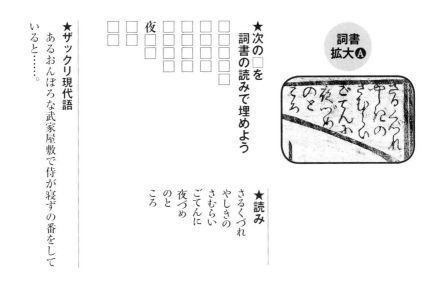

詞書拡大B

★次の□を詞書の読みで埋めよう

□□□
人
□□□
人□□□

★読み

ううう
人
ごろし
人ごろし

★ザックリ現代語

出現した大侍に驚いて、人殺し——と叫んでいる。

読解のツボ

❶は一字繰り返し記号で、❸は二字以上の繰り返し記号。繰り返し記号は❷の「し＝之」と混同しやすいので注意しよう。❹は「は＝者」に半濁点で「ぱ」、❺は同じくは＝者」だが、こっちは濁点がついて「ば」。

詞書拡大C

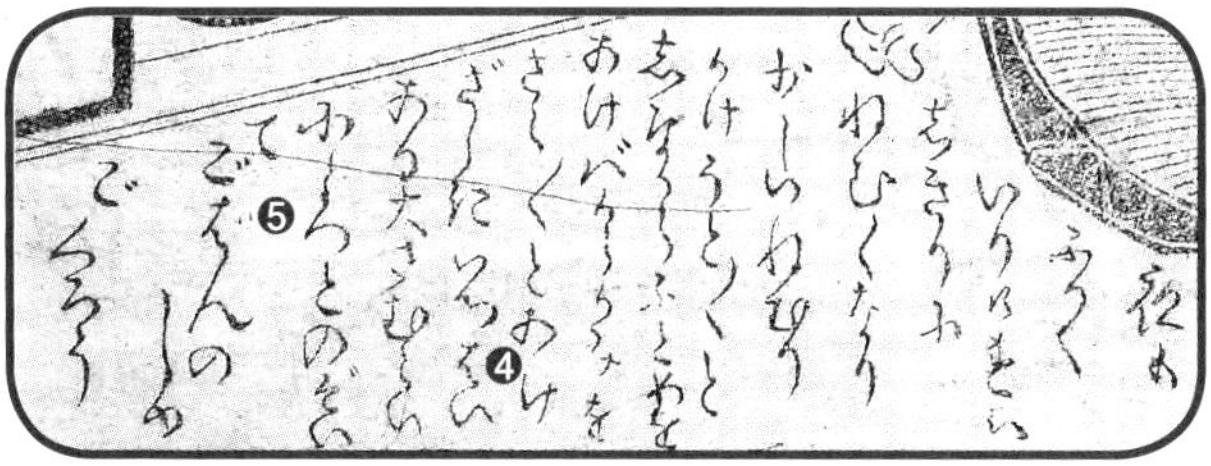

★次の□を詞書の読みで埋めよう

夜□
□□□
□□□□□
□□□□
□□□□□
少□□□□□
□□□□□□□
□□□□□□□□
□□□□□□□□
□□□□□□□
□□□□□□□
□□大□□□□
□□□□□□□
□
□□□□
□□
□□□□

★読み

夜も
ふかく
いりけれは
しきりに
ねむくなり
少しいねむり
かけ　うとうとと
しながら　ふとめを
あけば　からかみを
さらさらとあけ
ざしきいつぱい
ある大さむらい
によつとのぞい
て
ごばんの
しゆ
ごくろう

★ザックリ現代語

夜も更けてくると眠くなる。少しうとうととして、ふと目を開けた。すると唐紙（襖）を開け、座敷いっぱいもある巨大な侍が顔をのぞかせ、「ご番役の衆、ごくろう」といった。

『天怪着到牒』より──②

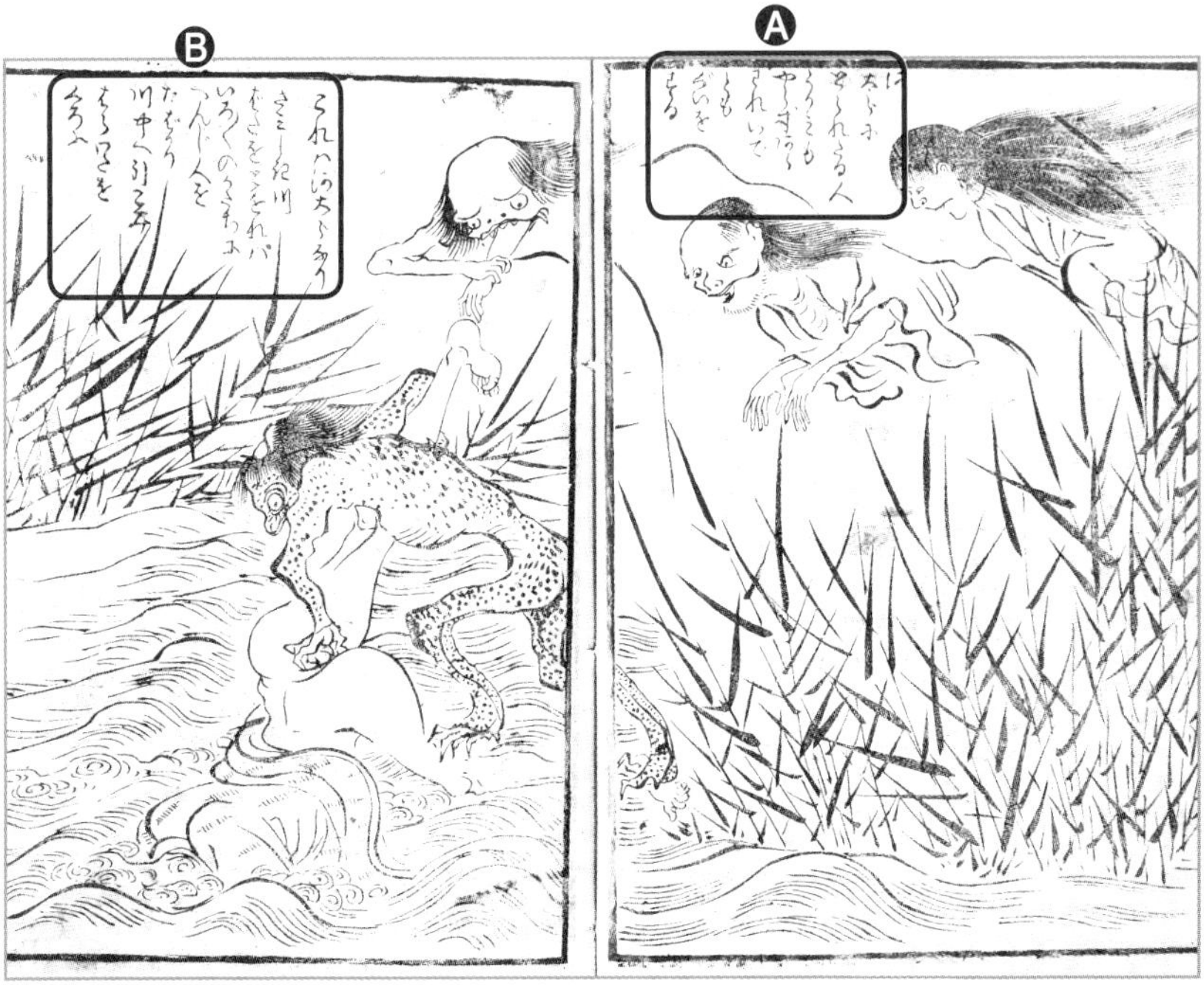

●東京都立中央図書館特別文庫室蔵

詞書拡大A

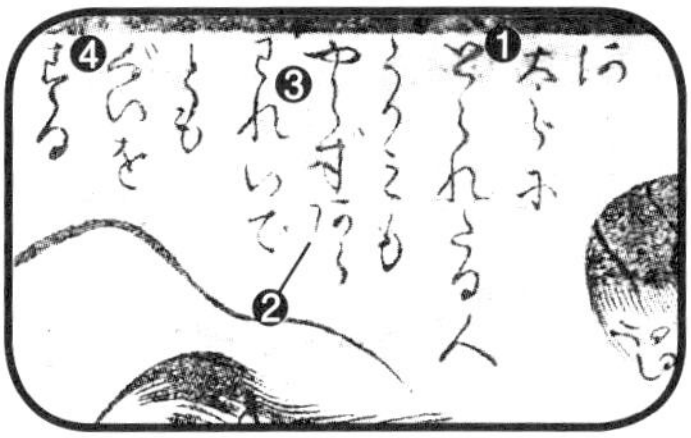

★読み

河
太郎に
とられたる人
うかみも
やらず　あら
われいで
とも
ぐいを
する

★次の□を詞書の読みで埋めよう

河
太郎□
□□□□□人
□□□□
□□□□□
□□□□
□□
□□□
□□

★ザックリ現代語

河太郎（河童）に川に引き込まれると、死体は浮かび上がってこない。そして亡くなった人は亡霊となって現れ、人を襲って食い殺す。

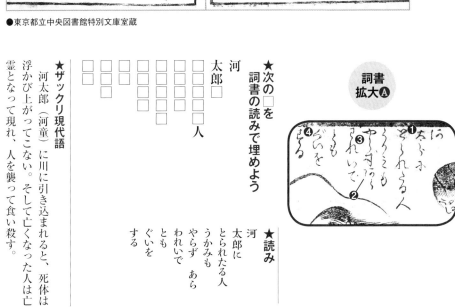

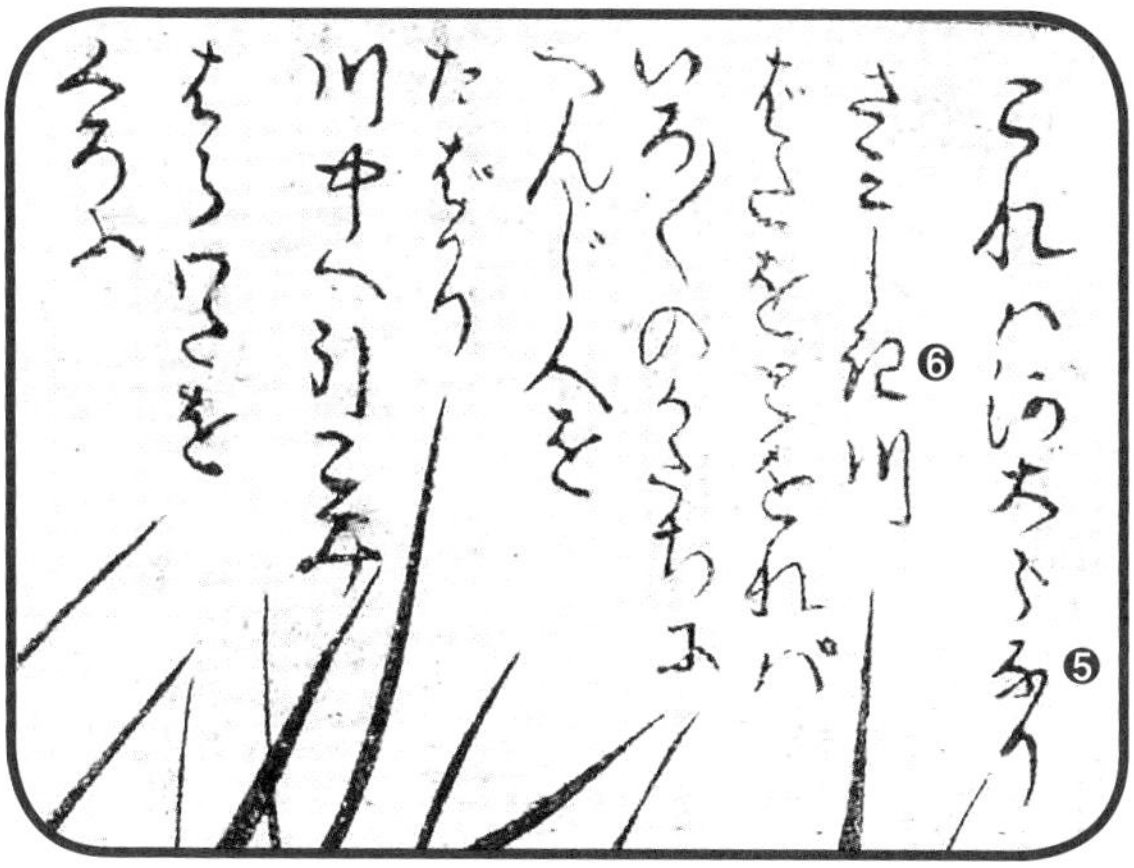

詞書
拡大Ⓑ

★次の□を詞書の読みで埋めよう

□□□河太郎□□
□□□□川
□□□□□□□
□□□□□□□□□
□□□人□
□□□□
川中□引□□
□□□□□
□□□

★読み

これは河太郎なり
さみしき川
ばたをとをれば
いろいろのかたちに
へんじ　人を
たばかり
川中へ引こみ
はらわたを
くろふ

★ザックリ現代語

この化け物が河太郎だ。人気のない川端を通る人を様々な姿形に化けてだまし、川のなかに引っ張り込んではらわたを食ってしまう。

読解のツボ

❶は「と＝止」で絵草紙によく登場する字形である。❷は「あ＝阿」。❸❹❺は絵草紙の頻出字だ。❸「わ＝王」。❹「す＝春」。❺「な＝奈」。❻は「き＝起」で、同音「き＝幾」より頻度は低いがよくでてくる。

『天怪着到牒』より――③

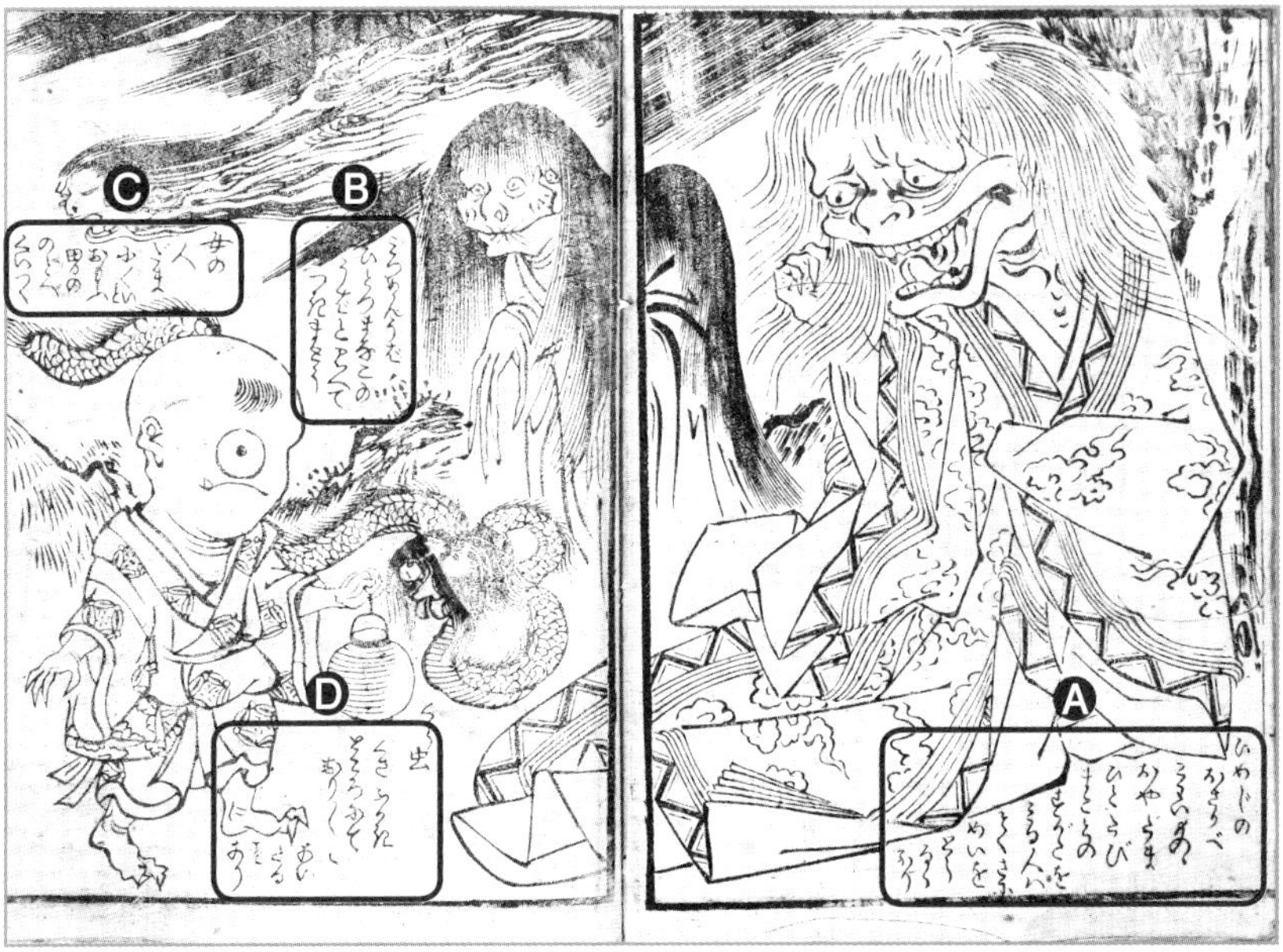

●東京都立中央図書館特別文庫室蔵

詞書拡大A

★次の□を詞書の読みで埋めよう

□□□□
□□□□
□□□□□□
□□□□
□□□□
□□□□
□□□□
□□人□
□□□□
□□□
□□
□□
□□

★読み

ひめじの
おさかべ
こわいものの
おやだま
ひとたび
まことの
すがたを
みる人は
そくさに
めいを
とら
るる
なり

★ザックリ現代語

（姫路城の天守に潜む）刑部（長壁）は妖怪たちの親玉だ。その真の姿を見た人は即座に命を奪われてしまう。

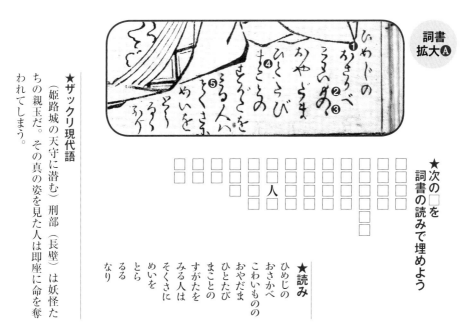

詞書
拡大Ⓑ

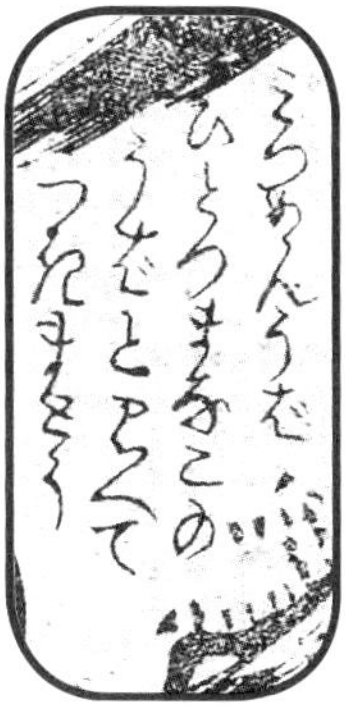

★次の□を詞書の読みで埋めよう

□□□□□□
□□□□□□□
□□□見□□
□□□□□

★読み

みつめんうば
ひとつまなこの
うばと見へて
つきまとう

★ザックリ現代語

三面乳母は一つ眼小僧の乳母のようで、いつも一ツ眼小僧のそばにいる。

読解のツボ

❶は「お＝於」。❷は「も＝毛」。❸は一字繰り返し記号。❹は「ま＝末」。❺は「と＝止」ではなく「そ＝曽」。❻は「こ＝己」と「と＝止」の合字で「こと＝事」。

詞書
拡大Ⓒ

★次の□を詞書の読みで埋めよう

女の
人
□□
□□□□
□□□
男□
□□□
□□□□

★読み

女の
人
だま
にくいと
おもふ
男の
のどへ
くいつく

★ザックリ現代語

女の人魂は憎い男の喉笛に食らいつく。

詞書
拡大Ⓓ

★次の□を詞書の読みで埋めよう

□□虫
□□□□□
□□□□□
□□□□□
□□
□□
□□
□□

★読み

くら虫
くさふかき
ところにて
おりおりて
あい
たる
こと
あり

★ザックリ現代語

くら虫（頭は人間で胴体は蛇）は、草深いところでときどき遭遇する妖怪だ。

『妖相生《ばけものあいおい》の盃《さかずき》』より——①

★作品&作者／作・画は浮世絵師の富川房信（号は吟雪）で、安永3（1774）年の刊。越後と甲斐の妖怪軍団どうしの戦を、上杉謙信と武田信玄による川中島の戦いになぞらえて描いた。ラストのお六と見越之介の祝言場面のページを欠いた、同内容異タイトルの『化物三ツ目大ほうい』も伝わる。相生とは夫婦仲がよいことを指す言葉だ。

●国立国会図書館所蔵

★次の□を詞書の読みで埋めよう

□□□
□□□
□□
□□国
□□山□
三ツ□大
□□□□
□□□□
□□□□□
□□□□□
□□□□□
□□□□□□
□□□
□□□□
□□□又□□
□□□□□□□□□
□□□□□□□
□□□□□□□
□□□□□□
三ツ□□□□
□□□□□□□□
□□□□□□
□□□□　□□□

★読み

むかし
むかし
ゑち
この国
おく山に
三ツめ大
ほうつと
いうゑせ
ものあつて
はけものの
おやたまと
いいし　なたか
きはけ
ものあり
ここに又しな
ののくにも　めしびつ
ふるそうという
ばけもののおや
かたありしか
三ツめかむす
め　おろくをこいう
けんとおして
ゆいのう　おくり

★ザックリ現代語

昔々、越後の奥山に三ツ目大坊主という妖怪がいて、化け物の親玉と名高かった。また信濃にも飯櫃《めしびつ》古蔵という化け物の親方がいた。飯櫃古蔵は三ツ目大坊主の娘お六を妻に迎えようと、結納の品を強引に送りつけてきた。※下段の樽はその結納の品で、「諸白」は高級清酒を指す。

読解のツボ

❶❸は「ゑ＝恵」。❷は「い＝以」と読んでしまいがちだが、正しくは「つ＝川」。本作の異本『化物三ツ目大ほうい』は、この部分を「「い＝以」」と読んだために誤ってつけられたタイトル。❹は「つ＝川」に重なるように「て＝天」が詰めて書かれている。❺❻❾❿⓮は一字繰り返し記号。❼は字がかすれているが「た＝多」。❽は字のプロポーションがくずれていて、「き＝幾」である。⓫は「も＝毛」。⓬は「し＝之」。⓭は読みにくいが「そ＝曽」。⓯は「り＝利」に詰められて「し＝之」が書かれている。⓰も「し＝之」。⓱は「て＝天」。⓲は「り＝利」。

『妖相生の盃』より——②

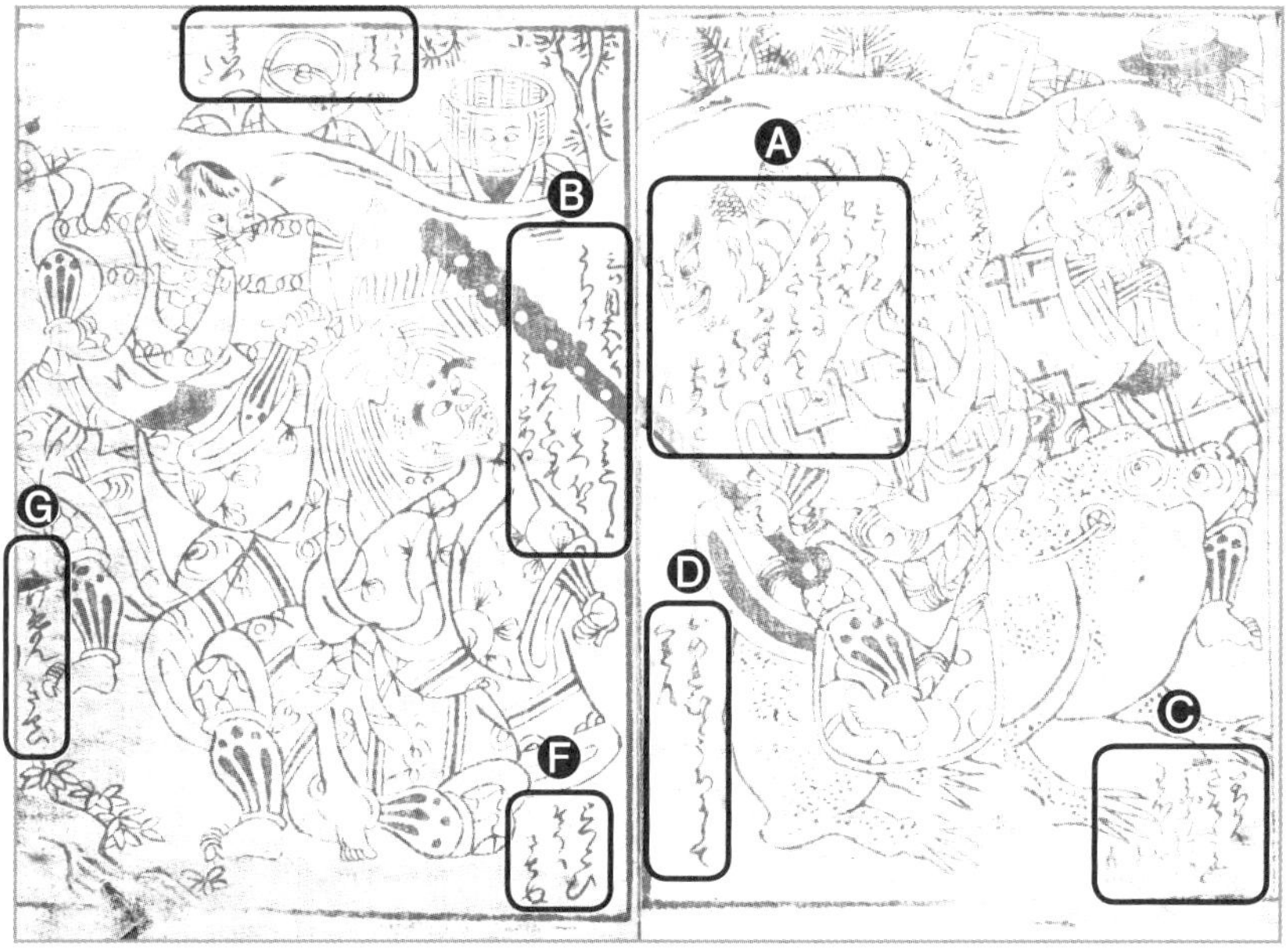

●国立国会図書館所蔵

★ここまでの物語

三ツ目大坊主の娘お六には、甲斐の見越入道の息子・見越之介という相思相愛の相手がいた。とはいえ、両家は勢力争いを繰り広げてきたライバル。そんなふたりが逢引していると、求婚を袖にされたことを恨み、飯櫃古蔵がお六の拉致を企てた。窮地に立つふたりを救ったのが天竺浪人こと一眼さそく之介だった。だが、三ツ目大坊主と見越入道の関係が悪化。ついに雌雄を決する戦いの幕が開く。

詞書拡大Ⓐ

★次の□を詞書の読みで埋めよう

□□□入道
□□□□
□□□□□
□□□□□
□□□□
□□
□□
大□□□
□

★読み

みこし入道
せうふを
いつきよに
きわめんと
なすのの
はら
にて
大かつせ
ん

★ザックリ現代語

見越入道は一挙に勝負を決しようと、那須野の原で三ツ目大坊主の軍に戦いを挑んだ。

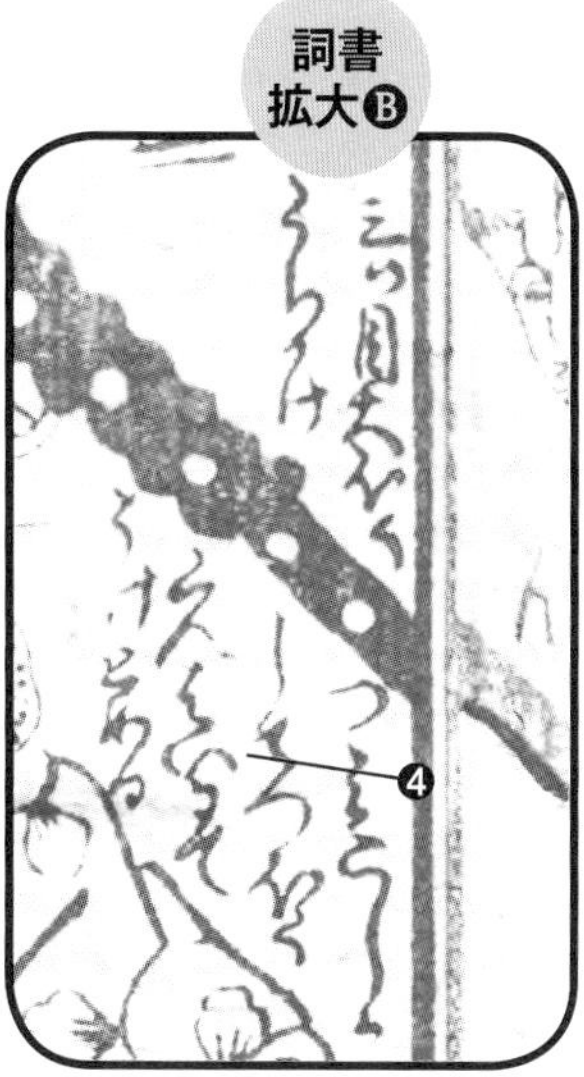

★次の□を詞書の読みで埋めよう

三ツ目大□□□□□□□□□
□□□□　□□□□□
□□□□□□
□□□□□

★読み

三ツ目大ほうつ　みこしか
うちかけし　てつほう
くんはいにて
うけとめる

★ザックリ現代語

三ツ目大坊主は、見越入道が打ちかけてきた鉄棒を軍配で受け止めた――。※川中島合戦のパロディだが、軍配で受け止めるのは、本来なら武田信玄に擬した見越入道のはず。だが物語では、上杉謙信役の三ツ目大坊主になっている。このあたりのいい加減さが絵草紙の面白さといえなくもない。

★次の□を詞書の読みで埋めよう

※かすれて判読しにくい部分には読みを入れた

□□□□
□□□の介
りやうけ□
□□□を
□り
□つ

★読み

いちかん
さそくの介
りやうけの
わほくを
とり
もつ

★ザックリ現代語

（見越入道の軍師に収まっていた）天竺浪人こと一眼さそくの介の仲介で、見越入道と三ツ目大坊主との間で和睦が成立した。※これによりお六と見越之介の恋が成就し、祝言シーンでハッピーエンドという結末に至るのだが……。ご都合主義な展開にびっくり。

詞書
拡大D

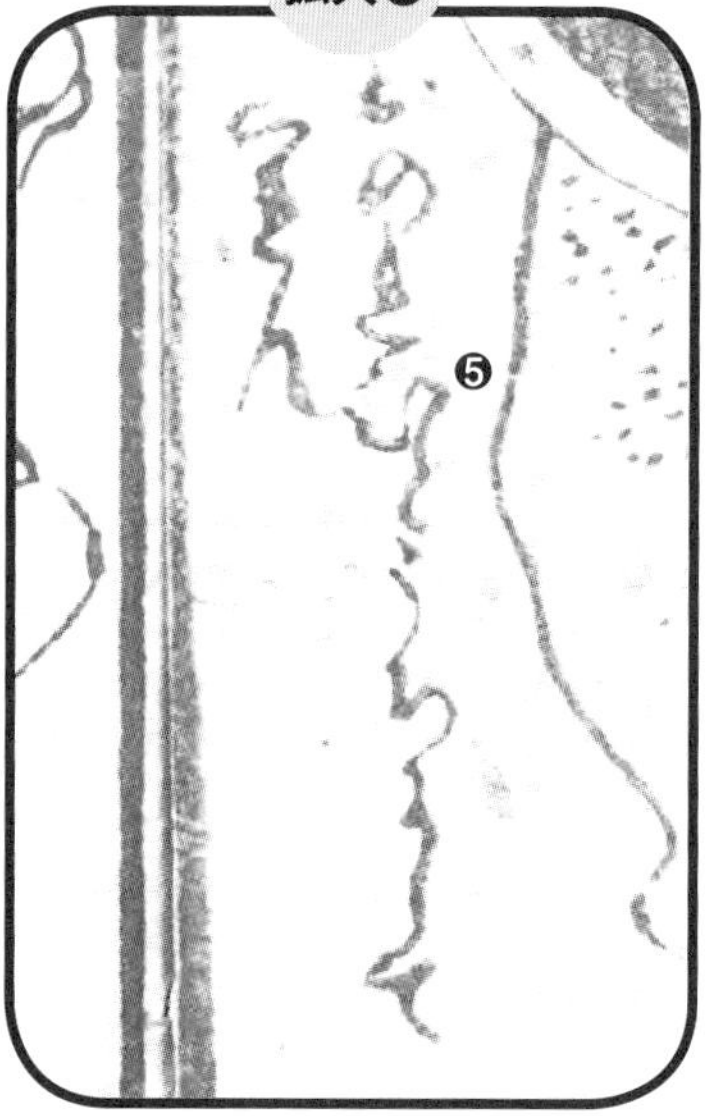

★次の□を詞書の読みで埋めよう

□□□□□□□□□□
□□□

★読み

おのれ　ひとうちにして
くれん

★ザックリ現代語

（憎き三ツ目大坊主め）一撃で倒してやるぞ。

詞書
拡大E

★次の□を詞書の読みで埋めよう

ハハア
□□
□
□□□
□

★読み

ハハア
てう
と
まいつ
た

★ザックリ現代語

ハハア、ちょうど参った。※飯櫃古蔵の手下もやってきて、大将どうしが打ち合うハイライトに間に合ったと合戦を眺めている。

詞書拡大F

★次の□を詞書の読みで埋めよう

□□□□□
□□□
□□□

★読み

とつこひ
そうは
させぬ

★ザックリ現代語

どっこい、そうはさせぬ。※打ち下ろされた鉄棒を軍配で受けた三ツ目大坊主の台詞。

詞書拡大G

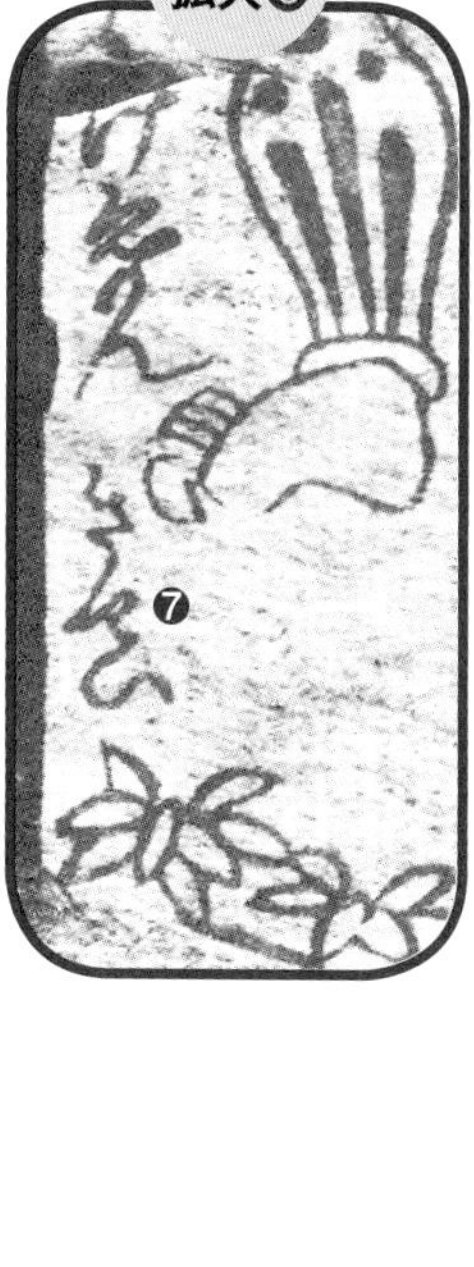

★次の□を詞書の読みで埋めよう

□□□□□　□□□

★読み

みけゑもん　きせい

★ザックリ現代語

三ツ目大坊主の家臣みけ衛門が大将に「気勢」を送っている。

読解のツボ

❶は傾いて読みにくいが「ふ＝不」だ。で、「せいふ」とは勝負のこと。❷は「い＝以」で続く「つ＝川」と合体している。判読に頭を捻る箇所だろう。❸はかすれて読みにくいが、前後の関係から「せ＝世」だと類推できる。❹は「に＝尓」。これを呼び飛ばすと、次の字「て＝天」が「そ＝曽」に見えてくる。❺は「ひ＝比」。❻は一部が消えているが「は＝八」。❼は「せ＝世」だ。

『大昔化物双紙《おおむかしばけものそうし》』より――①

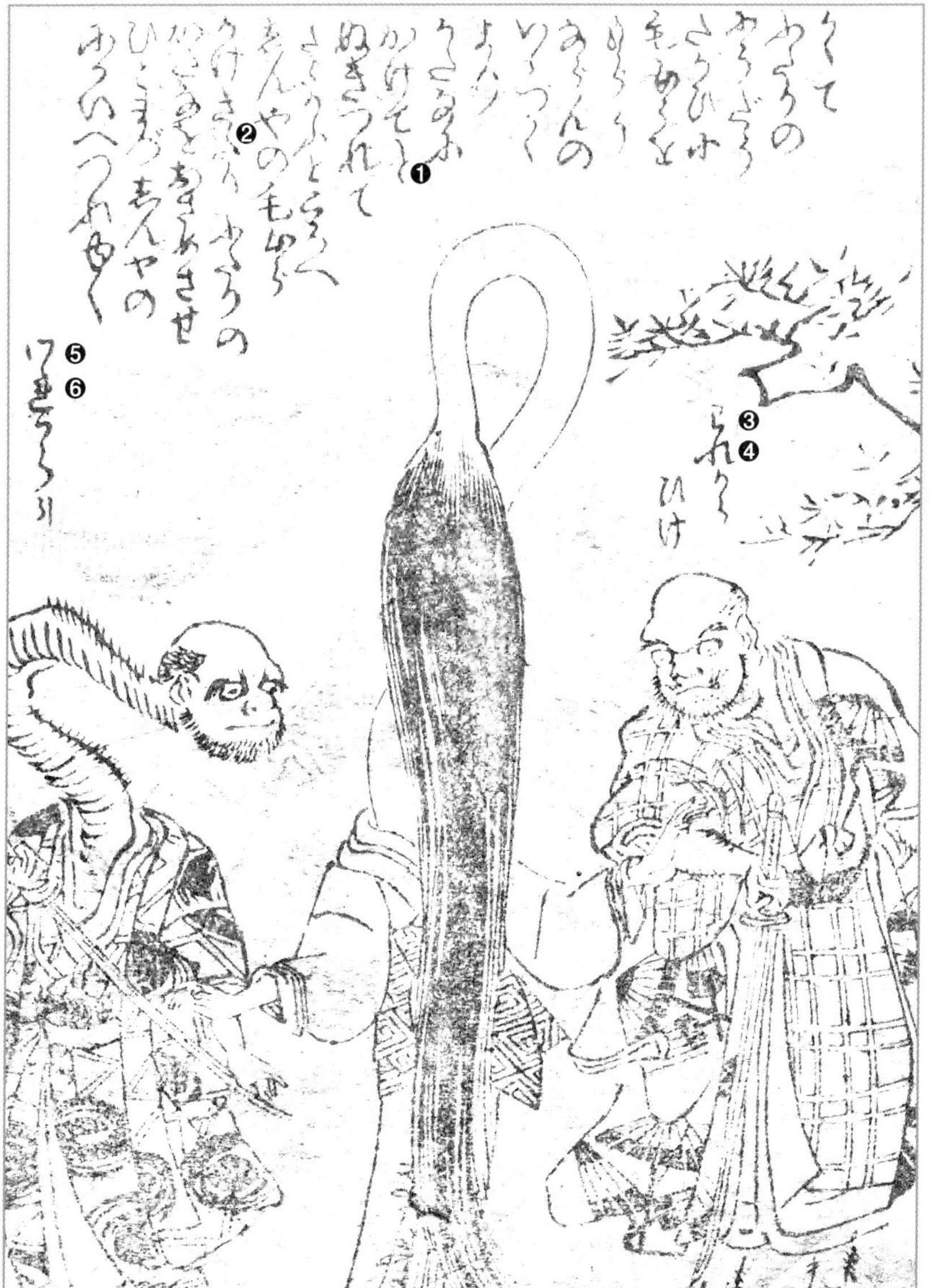

★作品&作者／寛政7(1795)年の刊。戯作者・落語家の桜川慈悲成《じひなり》の作で、絵は歌川豊国(一世)による。父の古入道から妖怪大将の座を譲られた今入道が毛女郎と恋仲になるが、妖怪ヒヒの妨害により、窮地に立つという内容。

●国立国会図書館所蔵

★次の□を詞書の読みで埋めよう

□□□
□□□□
□□□□
□□□□
毛女郎□
□□□
□□□□
□□□□
□□
□□□□
□□□□
□□□□□
□□□□□□□□
□□□□毛女郎
□□□□□　□□□□
□□□□□□□□□
□□□□□□□□
□□□□□□□□
（中段右）
□□□□
□□
（中段左）
□□□□引

★読み

かくて
ふたりの
にうだう
たがひに
毛女郎を
もらう
ならんの
いいづく
より
かたなに
かけてと
ぬきつれて
たたかふところへ
しんやの毛女郎
かけきたり　ふたりの
かたなをおさめさせ
ひとまづしんやの
にかいへつれゆく
（中段右）
われから
ひけ
（中段左）
われから引

★ここまでの物語／父から化け物のドンの座を譲られた今入道（右）は、諸国修行の旅の途中で化け物遊郭の遊女・毛女郎（中央）と恋仲になるが、丹波の妖怪ヒヒの養子、見越入道（左）も毛女郎にぞっこん。毛女郎をめぐって両者は刀を抜いて対峙する。

★ザックリ現代語

かくして、ふたりの入道は毛女郎をめぐり、「私がもらう」「ならん」と口論になり、刀にかけてと互いに刃を抜いた。「お前が身を引け」「お前こそ身を引け」と刀を構えるふたりのもとに、新屋（廓の屋号）から毛女郎が駆けつけ、両者の刀を収めさせた。そして毛女郎は今入道を新屋の二階に連れていく。

読解のツボ

❶は「と＝止」。❷は「た＝多」。❸は「わ＝王」だが、同音の❺では「わ＝和」を使った。で、同じく❹「れ＝礼」に対し、❻は「れ＝連」を用いた。また「ひけ」についても、漢字「引」にして使い分けている。

『大昔化物双紙』より――②

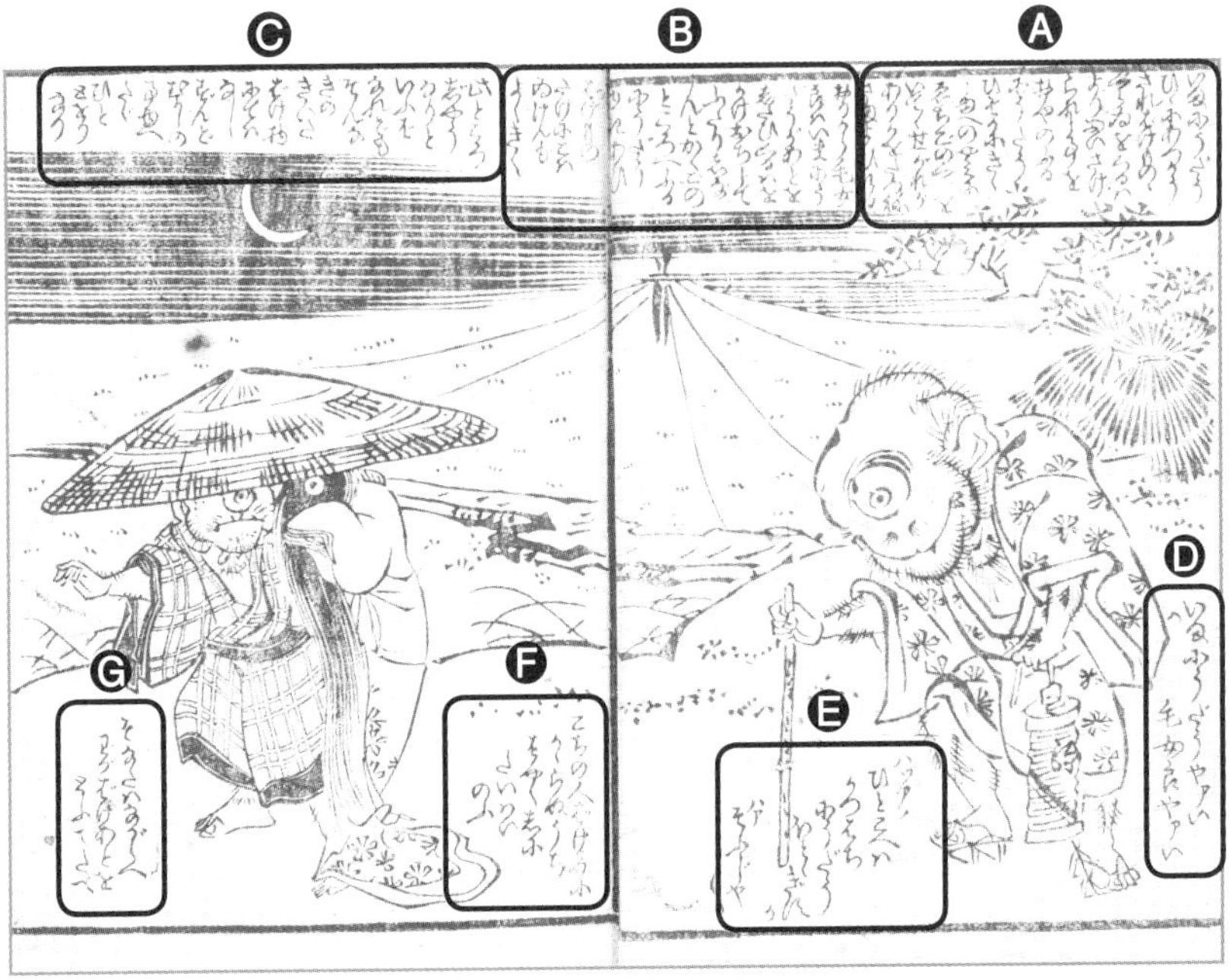

●国立国会図書館所蔵

★ここまでの物語／今入道は愛の証しとして、父からもらった片方の目を（盲目の）毛女郎にあげた。それにより神通力が失われ、もとの弱い一ツ目小僧にもどってしまう。敵である丹波の妖怪ヒヒに愛する毛女郎を奪われ、化け物遊郭からも追放されて、ひとり荒れ野をさまようことに――。

読解のツボ

❶は漢字「事」のくずし字。❷はかすれているが「こ＝己」。❸もかすれて読めないが「に＝尓」。❹は「め＝女」としたくなるが「あ＝安」。❺から❽も読みにくいので補足すると「ゆ＝由」「き＝起」「あ＝安」「ひ＝比」の順。❾は「し＝之」ではなく一字繰り返し記号。濁音がついて「だ」。❿はかすれているが「め＝女」だ。⓫は「ら＝良」。

詞書
拡大Ⓐ

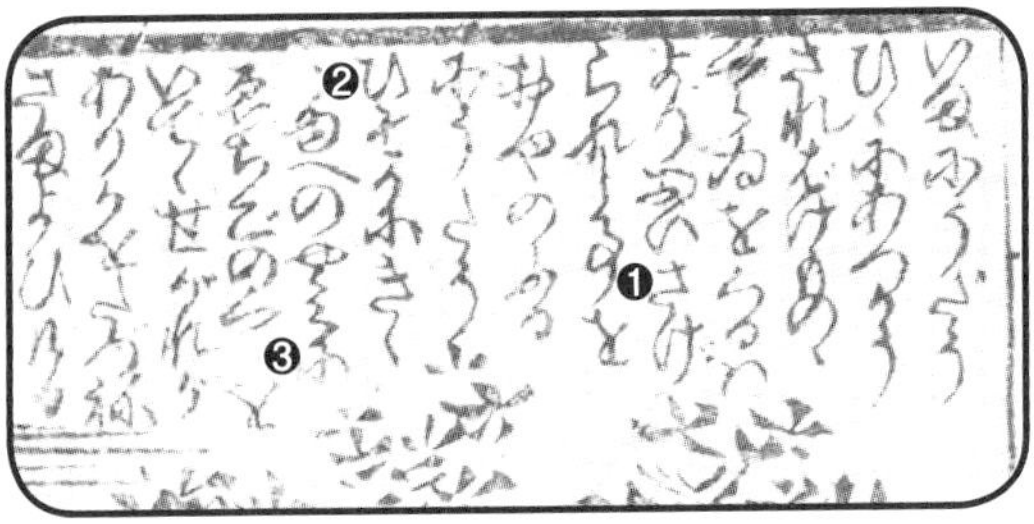

★次の□を詞書の読みで埋めよう

□□□□□□
□□□□□□□
□□□□□□□
□□□□□□□
□□□□□□
□□□事□
□□□□□
□□□□
□□□□□□
□□□□□□□
□□□□□□□
□□□□□□□
□□□□□□□
□□□□□□

★読み

いまにうだう
ひひにあつかう
され　ばけものの
くらゐをくるは
より　おいさげ
られし事を
おやのふる
にうだう
ひそかにきき
こゆへのやみに
ゑちごのくにを
いでて　せがれが
ありかを　たづね
さまよひける

★ザックリ現代語

今入道の父である古入道は、今入道がヒヒの悪口により化け物の廓に出入りできる位を奪われ、追放されたことを風の便りで耳にする。不憫に思った古入道は越後の国を出て、息子の行方をたずねながら諸国をまわった。

詞書拡大B

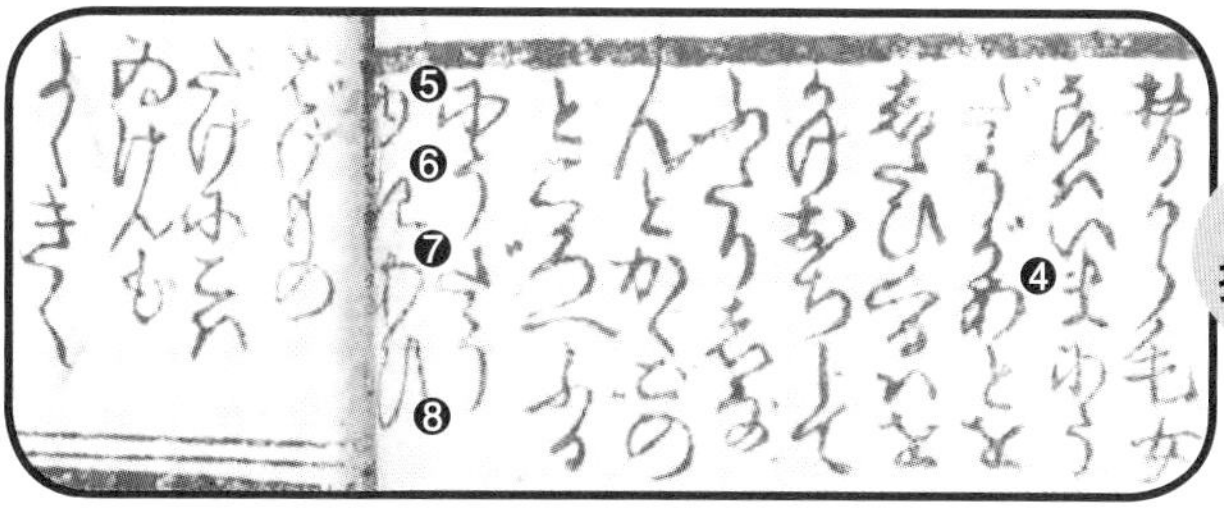

★次の□を詞書の読みで埋めよう

□□□□毛女
郎□□□□□
□□□□□□
□□□□□□□
□□□□□□
□□□□□
□□□□□□
□□□□□□
□□□□
□□□□
□□□□
□□□□□
□□□□
□□□□

★読み

おりから毛女
郎は　いまにう
だうがあとを
したひ　くるはを
かけおちして
ふたりしな
んと　かくごの
ところへ　ふる
にうだう
ゆきあひ
ばけもの
だけに　こは
ゐけんも
よくきく

★ザックリ現代語

毛女郎は今入道を慕って廓を抜け出し、恋しい人のもとに走った。そしてふたりで心中を図ろうと覚悟を決めたところに、ちょうど古入道がやってきた。ふたりに生きるよう説得するが、人間と違って妖怪は親の意見をよく聞くので、今入道と毛女郎は心中をとりやめた。

詞書
拡大Ⓒ

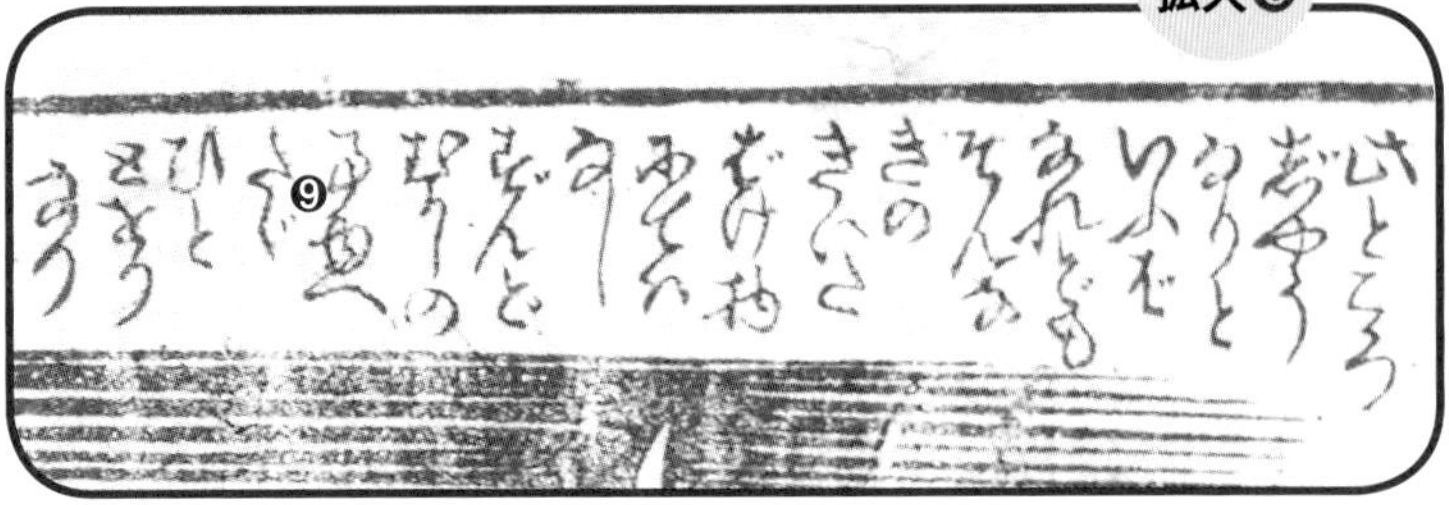

★次の□を
詞書の読みで埋めよう

此□□□
□□□
□□□
□□□
□□□□
□□□
□□
□□□
□□物
□□□
□□
□□□
□□□□
事□□
□□
□□
□□□
□□

★読み

此ところ
じやう
なりと
いうば
なれども
そんな
きの
きいた
ばけ物
にては
なし
ずんど
むかしの
事ゆへ
ただ
ひと
とをり
なり

★ザックリ現代語

ここは情感たっぷりの場面だが、そんな気の利いた化け物たちではない。ずいぶん昔のことなので、一通り筋を述べてみた。※その後、今入道は父と毛女郎からそれぞれ目をもらい、一ツ目から三ツ目入道に変身し、立派な化け物の大将になったと物語は結ばれる。

詞書
拡大Ⓓ

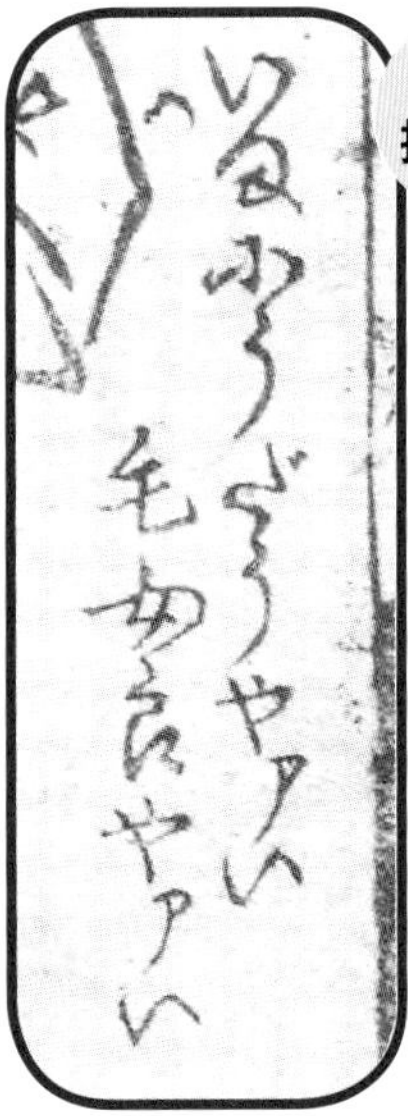

★次の□を詞書の読みで埋めよう

□□□□□□□ア□
毛女郎□ア□

★読み

いまにうだうやアい
毛女郎やアい

★ザックリ現代語

今入道やあい、毛女郎やあい。※父親の古入道が息子と毛女郎を探して旅をしている。

詞書
拡大E

★次の□を詞書の読みで埋めよう

ハツアノ
□□□□□
□□□□
□□□□
□□□□□□
ハア
□□□□
□□□□

★読み

ハッアノ
ひとこへは
かつはち
にうだう
ほととぎすか
ハァ
そふじや
そふじや

★ザックリ現代語

あの声は今入道ではないか、そうに違いない――。※息子の今入道を探して旅をしていた古入道が、息子の声を聞きつけたときの台詞。「がっぱち入道ホトトギス」は、言葉遊び。

詞書
拡大F

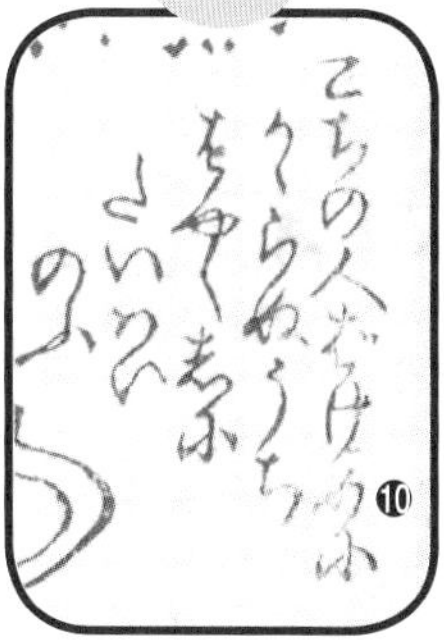

★次の□を詞書の読みで埋めよう

□□□人□□□□
□□□□□□
□□□□□
□□□□
□□

★読み

こちの人ばけめに
かからぬうち
はやくしに
たいはい
のふ

★ザックリ現代語

あなた、化け目（人目）にふれないうちに早く死にましょう。※心中を決めた毛女郎の切ない台詞。

詞書
拡大G

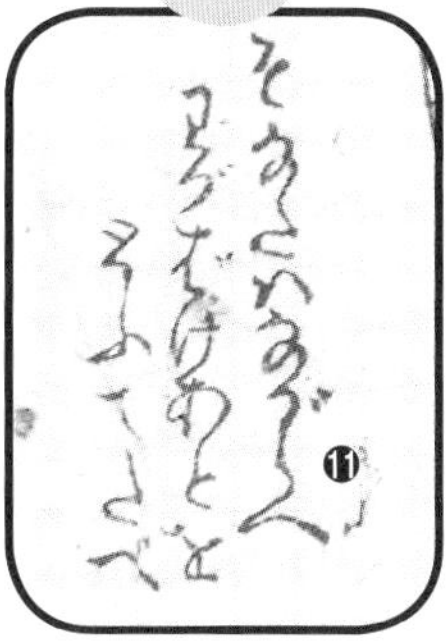

★次の□を詞書の読みで埋めよう

□□□□□□□□
□□□□□□□
□□□□□

★読み

そなたはながらへ
わがばけあとを
とふてたべ

★ザックリ現代語

あなたは死なないで、私の菩提を弔ってください。※今入道の台詞。

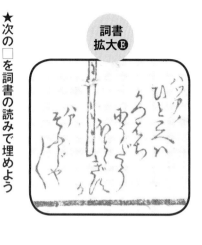

C O L U M N

妖怪&怪談コラム

江戸時代の後期に大人気
豆腐小僧は元祖癒し系ゆるキャラか!?

大きな笠を被った子どもの姿で、お盆に紅葉の印が入った豆腐を乗せ、女物の着物を着て町をウロチョロする。豆腐小僧はなんとも妖怪らしからぬ妖怪である。

雨の日に柳の木の下に潜み、通りがかる子どもに向かって「ももんじい（お化けだぞ）」とささやいて脅すか、夜更けに人間の後をついてまわるのがせいぜいだ。

人畜無害といっていい下級の妖怪で、ほかの化け物からパシリにされたり、ときには苛めを受けたりもする。

ところが、江戸時代後期から明治にかけての人気たるや、全化け物中でもトップ級だった。その愛され方は現代の癒し系ゆるキャラに通じるものがある。

そもそも豆腐小僧は古くから語り継がれてきた妖怪ではない。豆腐業界が販促のためにつくったという説もあるほどで、江戸後期になって登場した新顔だ。新参者だけに解釈もまちまちで、絵草紙では一ッ目小僧の姿で登場することも少なくない。

江戸後期には滑稽本の絵草紙が台頭するが、絵草紙では妖怪たちは人間と変わらない生活を送る存在として描かれた。豆腐小僧は擬人化の流れのなかで、もっとも親しみやすい妖怪として幅広い層に受容され、アイドル視されていったのだろう。

ちなみに、豆腐小僧の豆腐を食べると、全身にカビが生えて死ぬというのは、昭和になって生まれた説のようである。

北尾政美作・画による『夭怪着到牒』より。北尾は「大頭小僧」とするが、扮装や持ち物からあきらかに豆腐小僧。詞書の読みは「入道のまご大あたまこぞう　あめのそぼふる夜　とうふやをおどろかし一てうしめてくる」（見越入道の孫の大頭小僧は、雨のそぼ降る夜、豆腐屋を驚かして一丁せしめてくる）

●東京都立中央図書館特別文庫室蔵

第四章

読みこなせれば初心者返上
くずし字上級へのアプローチ

課題をいくつもこなし、読解のコツもつかめたかと思う。
最後は『変化物春遊《ばけものはるあそび》』丸々一冊に挑んでもらう。
これまでの絵草紙よりも文章の量は多いが、
クリアできる力はもう十分についているはずだ。
文字数を示す四角のマスはなし。腰を据えて取り組もう。

※かすれなどで判読しにくい字や漢字、難読字は詞書拡大画像の欄外に示した。
※レイアウトの都合上、一部順番を入れ替えている。

『変化物春遊《ばけものはるあそび》』——①

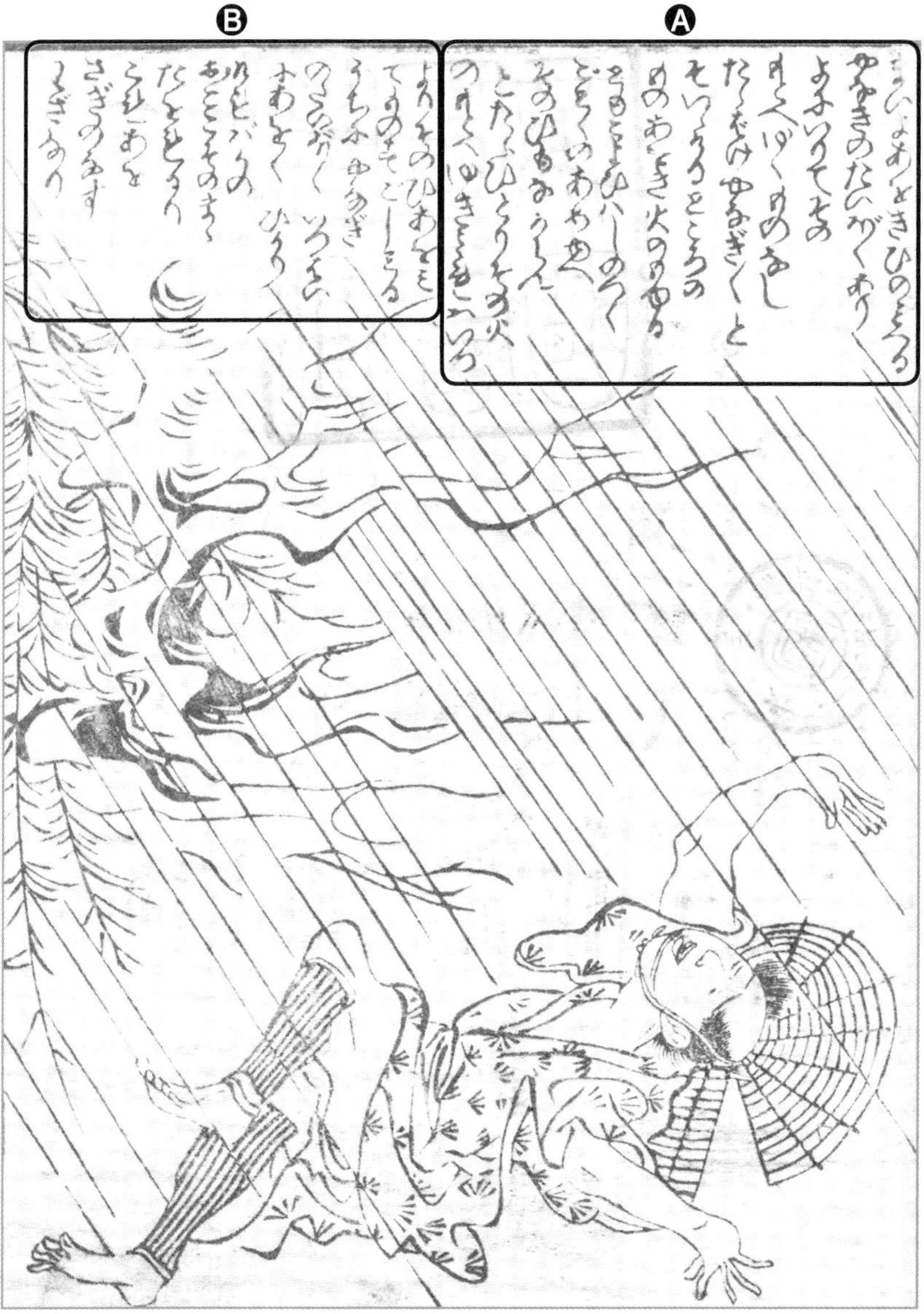

★作品&作者／『大昔化物双紙』と同じく、作・桜川慈悲成と画・歌川豊国（一世）の黄金コンビによる絵草紙で、刊行は寛政5（1793）年。各地に伝わる怪異譚を集めたオムニバス形式の怪談集だ。新春を寿いで出版されたことから、「春遊」と題した。

●国立国会図書館所蔵

詞書拡大Ⓐ

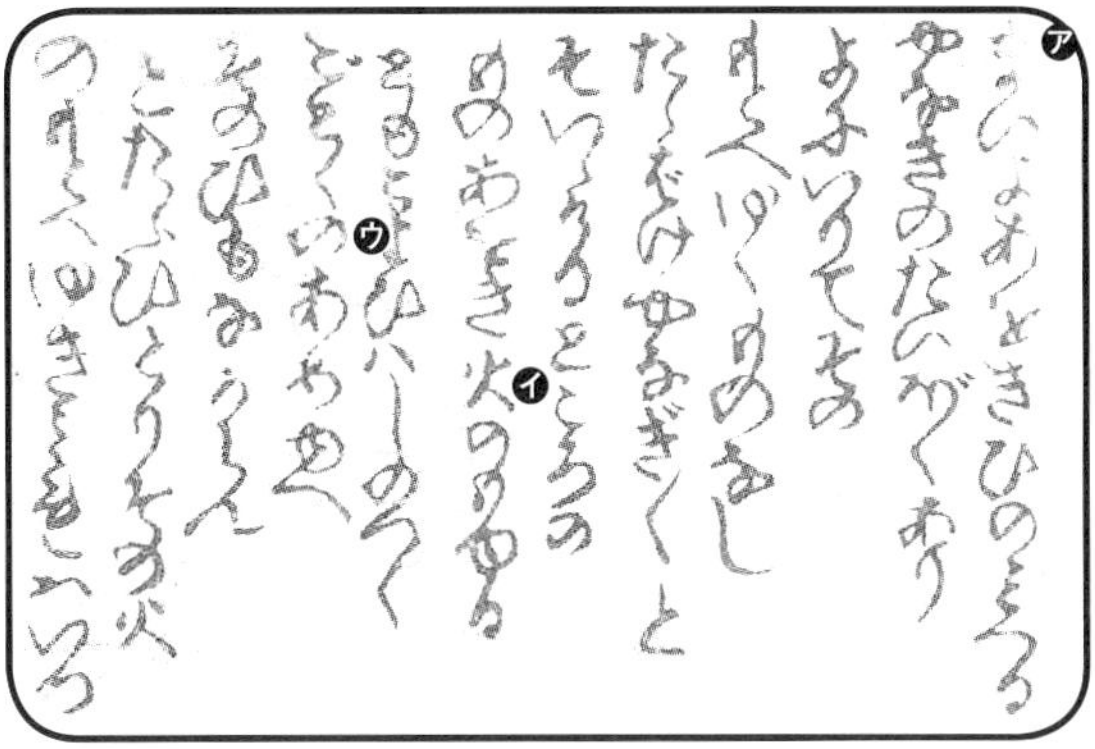

ア「ま＝末」イ「火」ウ「の＝乃」

★読み

まいよ　あをきひのみへる
やなきのたいぼくあり
よにいりて　その
もとへゆくものなし
たた　ばけやなぎ、ばけやなぎと
そいいける　ところの
もの　あをき火のもゆる
とも　こよひはしのつく
ごとくのあめゆへ
そのひもなからん
と　ただひとり　その火
のもとへゆきみれは　いつ

詞書拡大Ⓑ

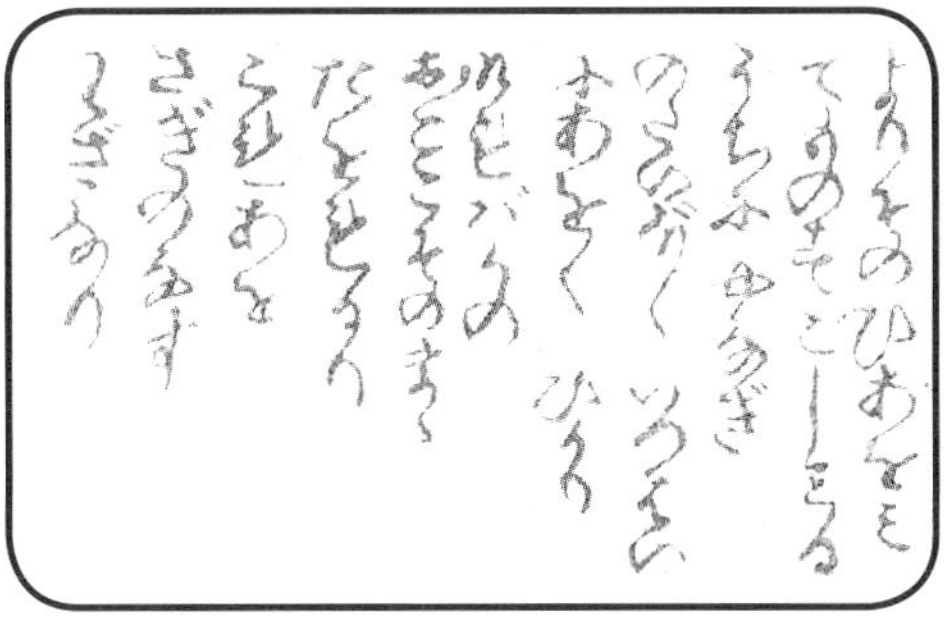

★読み

よりそのひ　あをみ
て　ものすごし　みる
うちに　やなぎ
のたいぼく　いつはい
にあをくひかり
ければ　かの
おとこ　そのまま
たをれけり
これ　あを
さぎのなす
わざなり

★ザックリ現代語

夜毎、青い火を燃やす柳の大木があった。皆、不気味に思い、夜になって柳のもとにいく人は誰もいない。「化け柳」「化け柳」といって恐れおののくだけだった。ある日、近隣に住んでいる男がこういった。「青い火が燃えるといっても、今夜は篠突く（激しい）雨。火も燃えっこない」――。ひとりで男が柳の大木のもとにいくと、いつもより火は青く燃え盛っていた。男はあまりの光景に気絶した。これは青鷺の仕業である。※青鷺火は江戸時代には幅広く知られた怪異現象で、鳥山石燕も『今昔画図続百鬼』で取り上げている。

『変化物春遊』——②

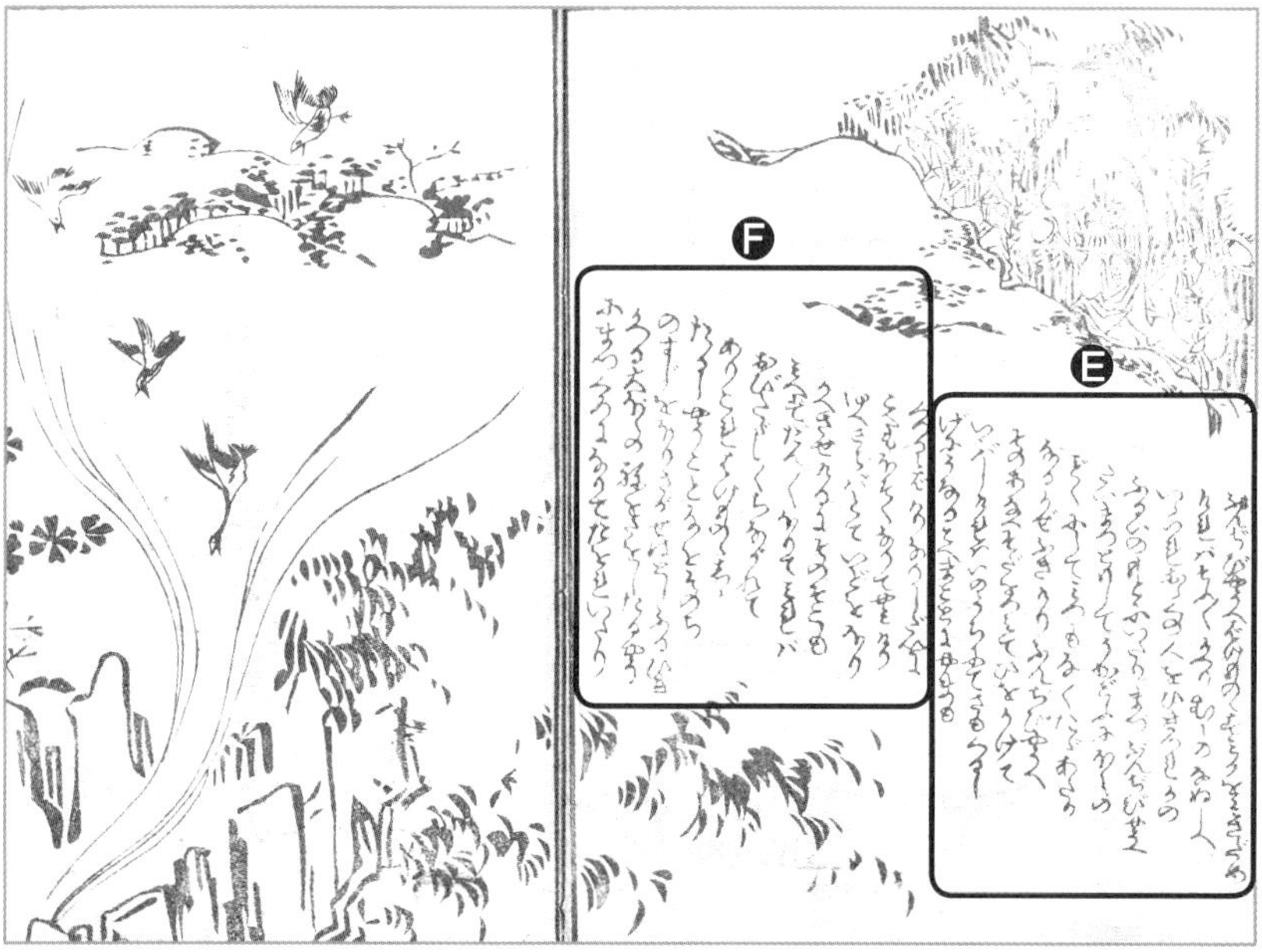

●国立国会図書館所蔵

ア「こ＝己」と「と＝止」の合字　イ「見」

★読み

やまとのくににて　まいとし　しやうにひとりづつ　うし
のふことあり　ところにふんぢびやうへといへるもの
ありて　もとぶしのわさなんしたるものなれば
そのことききて　ふしぎなることかな
ただして見たきことと　ふだんこころに
かんねんしていたり　そのとしのあきの

詞書拡大A

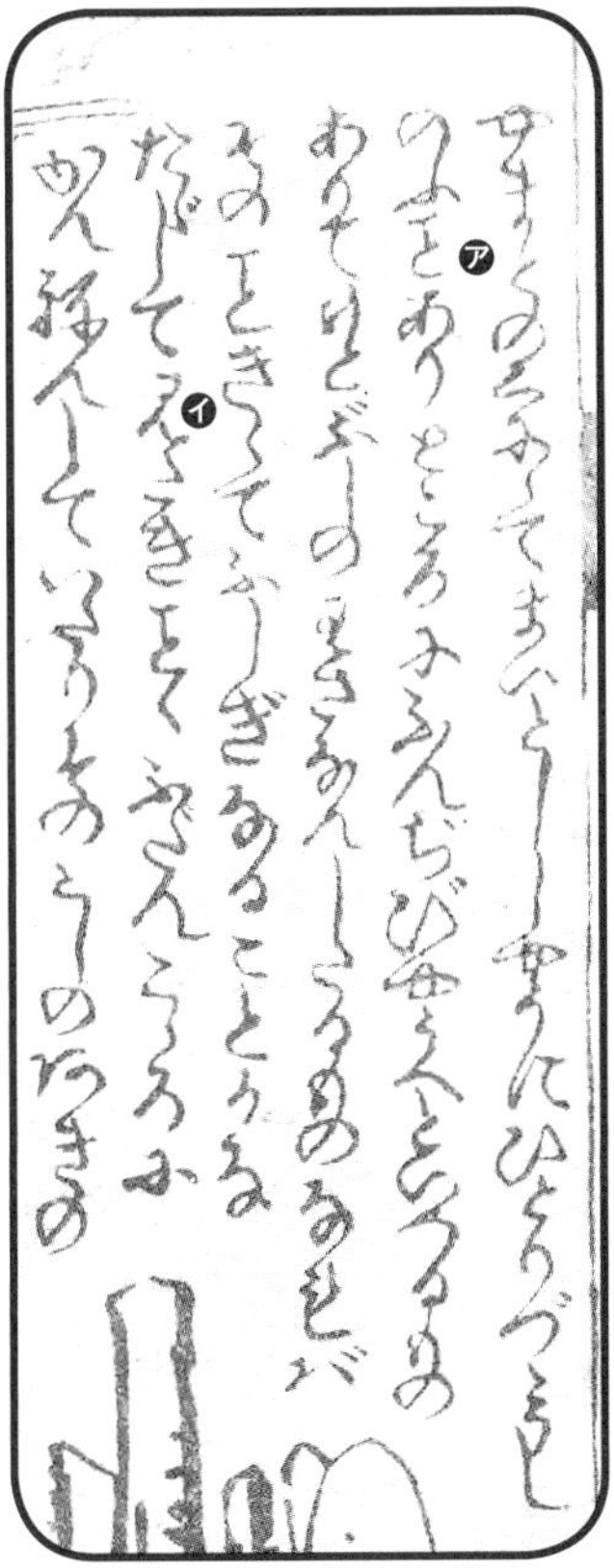

詞書拡大B

ウ「ゆ＝由」

★読み

ころ　ふんぢびやうへかせがれ
ゆふぐれに　きやつといふ
こへのしたるが　そのまま
いづくへかさらいゆき
けんみへす
ぶんぢひやうへ
大きに
ぎやうてん
して
しよしよへ

詞書
拡大C

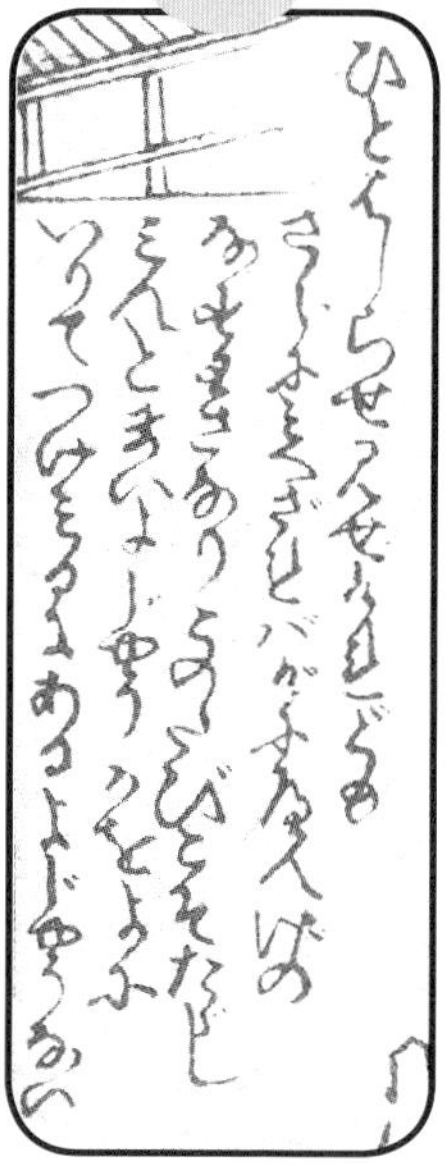

★読み

ひとはしらせ　見せけれども
さらにみへざれば　げにへんげの
なすわさなり　このたびこそ　ただし
みんと　まいよ　じやうかをよに
いりて　つけみるに　あるよ　じやうない

★ザックリ現代語

大和国の庄（村）で、村人がいなくなる怪事件が起きていた。村に住む元侍の文次兵衛（漢字名は仮）は真相を探ろうとするが、今度は息子がさらわれてしまう。文次兵衛は所々に人を送って探したが見つからず、化け物の仕業だと悟った。で、毎夜、城下を探索すると、城内から紫に光るものが飛び出るのを目撃。追うと山里の古井戸に吸い込まれていった。文次兵衛はいったん帰り、村人を引き連れ古井戸にもどる。松明を灯して井戸をうかがうと、内部は洞窟のようになっていて水は涸れ、生暖かい風が吹いていた。

詞書
拡大D

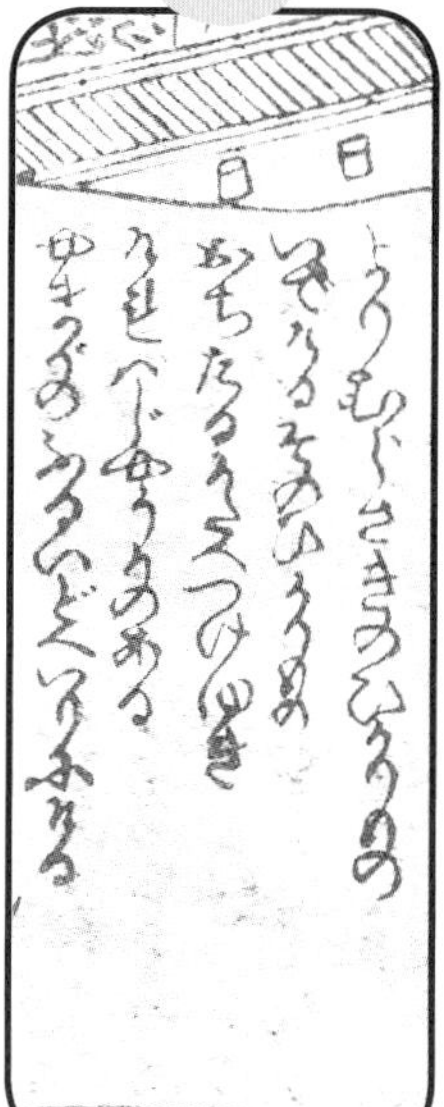

★読み

より　むらさきのひかりもの
いでける　そのひかりもの
おちたるかたへつけゆき
ければ　じやうかのある
やまがのふるいどへいりにける

文次兵衛はソダ（薪の束）をいくつも放り込み、火をかけて燻した。すると井戸から苦しげに唸る声が激しくなり、山をもくずすほどの大音響となった。だが、うめき声はしだいに弱くなり、やがて止む。文次兵衛は「さらば」といって掘り返させるが、底は見えてこない。それでも掘り続けると、多量の血痕を発見する。化け物が死んだ証拠だと、なお血痕に沿って掘り進むと、古い（巨大な）ヒキガエルが大木の根を倒したような姿で、真っ黒になって横たわっていた。

詞書拡大Ⓔ

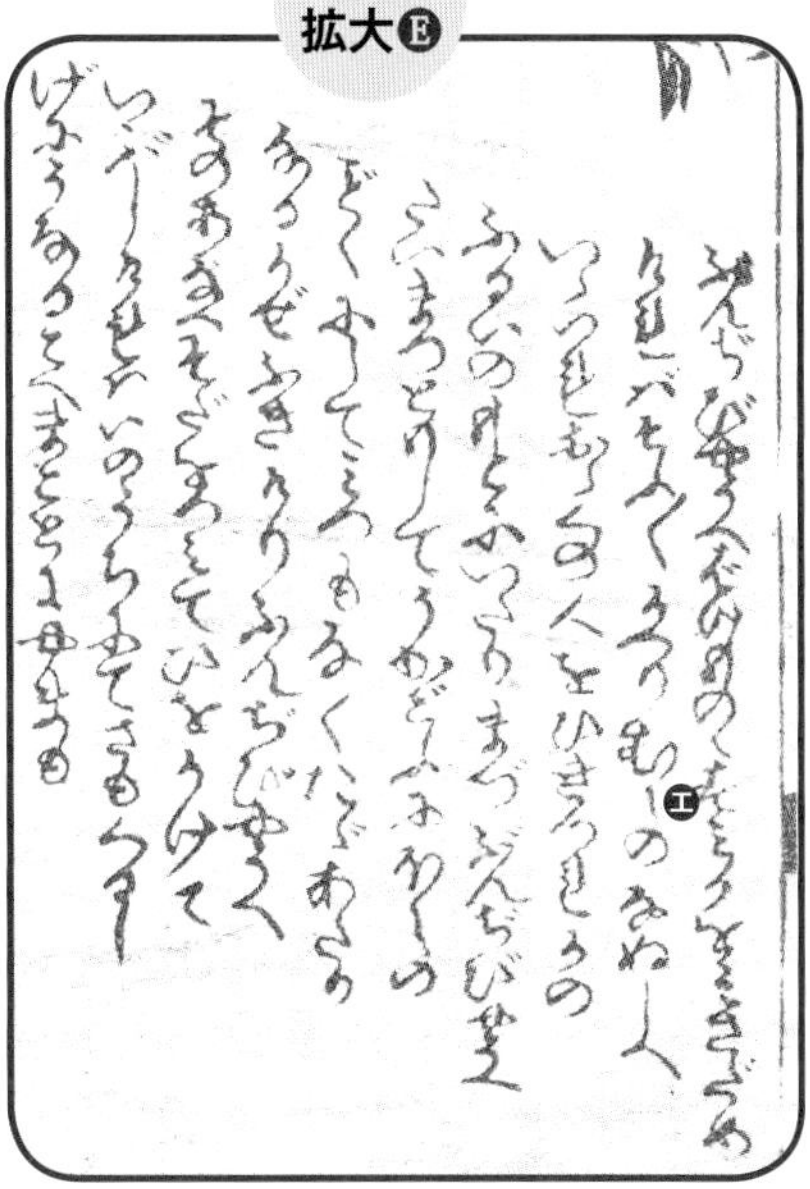

㋓「ら＝良」

★読み

ぶんぢびやうへ　ばけもののすみかを　みさだめ
ければ　そふそふかへり　むらのなぬしへ
いいいれ　おおくの人をひきつれ　かの
ふるいのもとにいたり　まづ　ぶんぢびやうへ
たいまつともしてうかごふに　ほらの
ごとくにして　みつもなく　ただあたか
なるかぜふきけり　ふんぢびやうへ
そのあなへ　そだをつみて　ひをかけて
いぶしければ　いのうちにて　さもくるし
げにうなるこへ　まことにやまも

詞書拡大Ⓕ

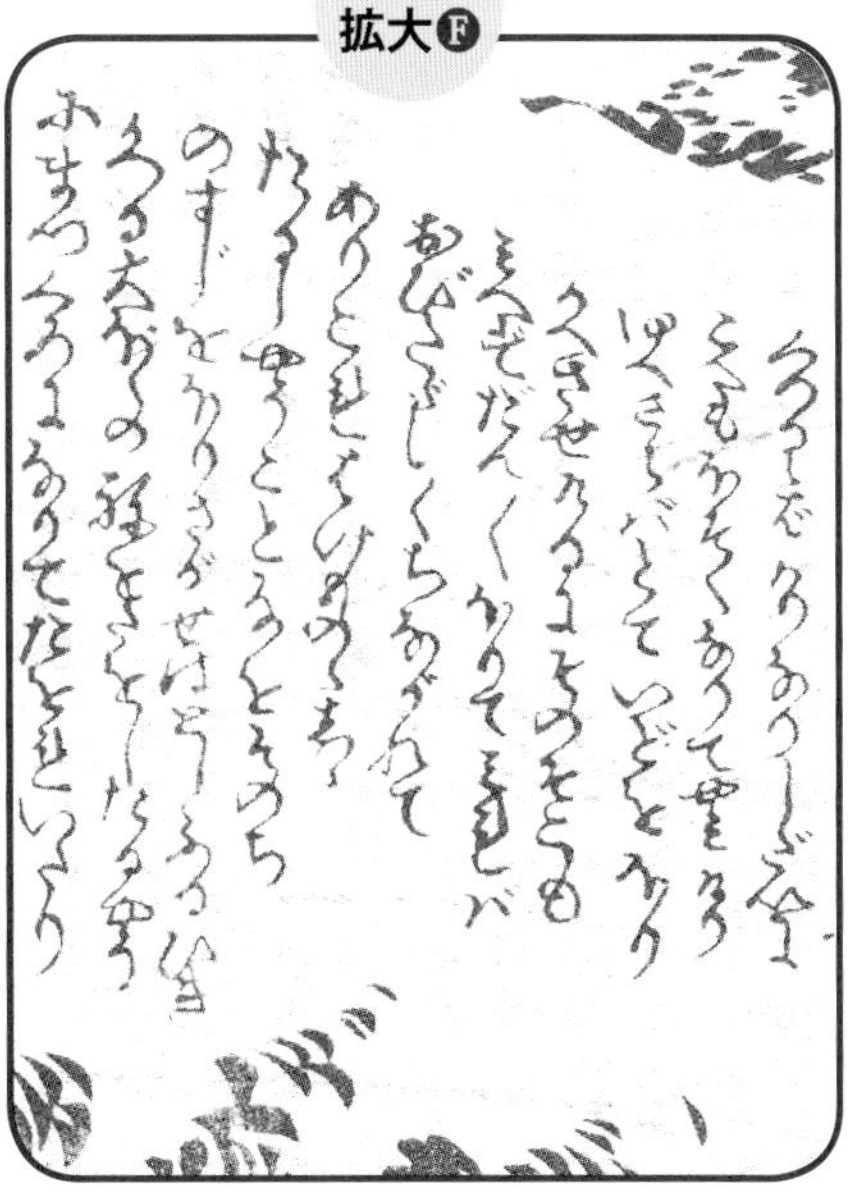

★読み

くつるるばかりなり　しだいに
こへもほそくなりて　やみけり
ゆへ　さらばとて　いどをほり
かへさせけるに　そのそこも
みへず　だんだんほりてみれば
おびただしく　ちながれて
あり　これはけもののしし
たるしやうこと　なをそのち
のすじをほりさがせは　としふるひき
かへる　大ぼくのねをたをしたるやう
に　まつくろになりて　たをれいたり

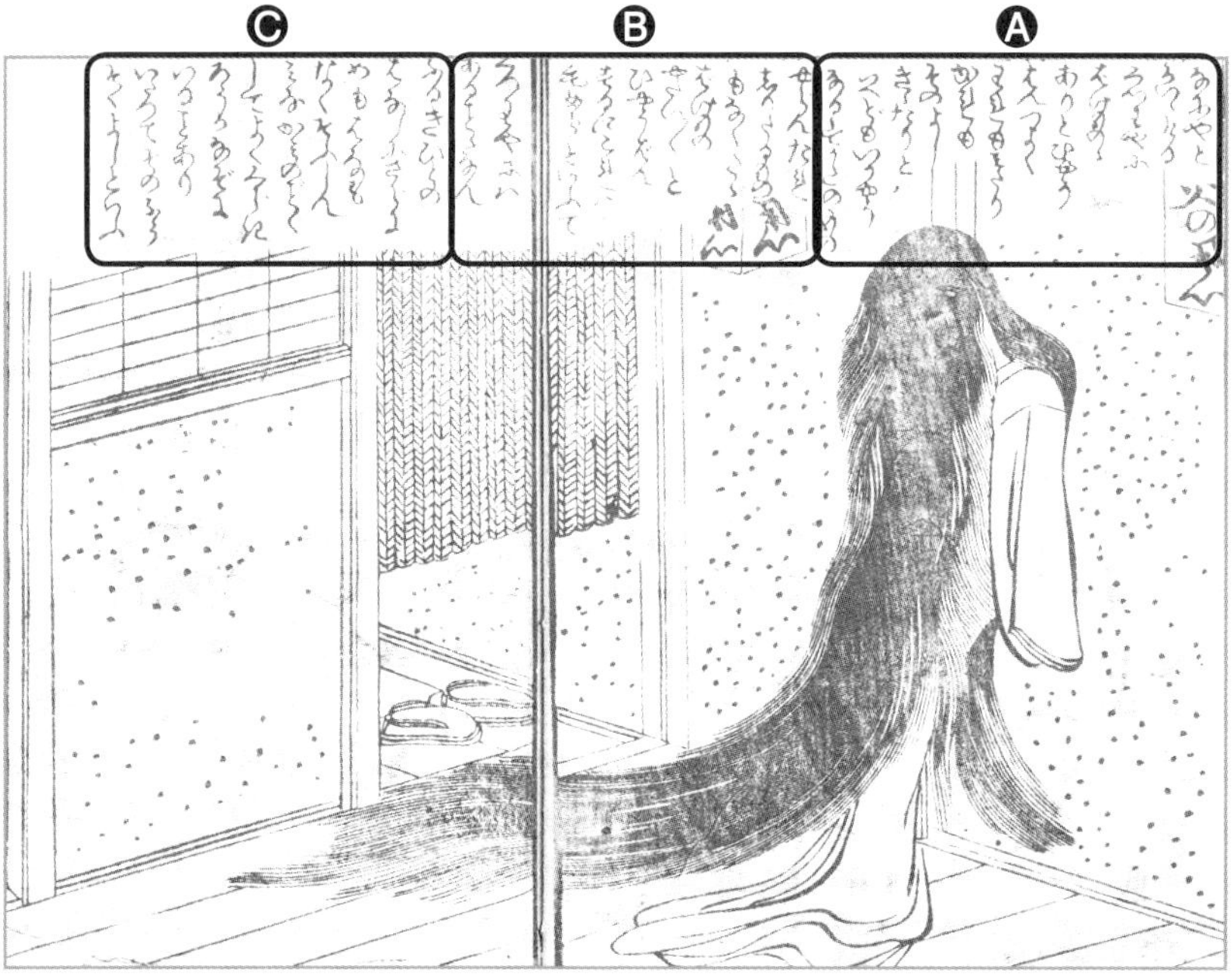

●国立国会図書館所蔵

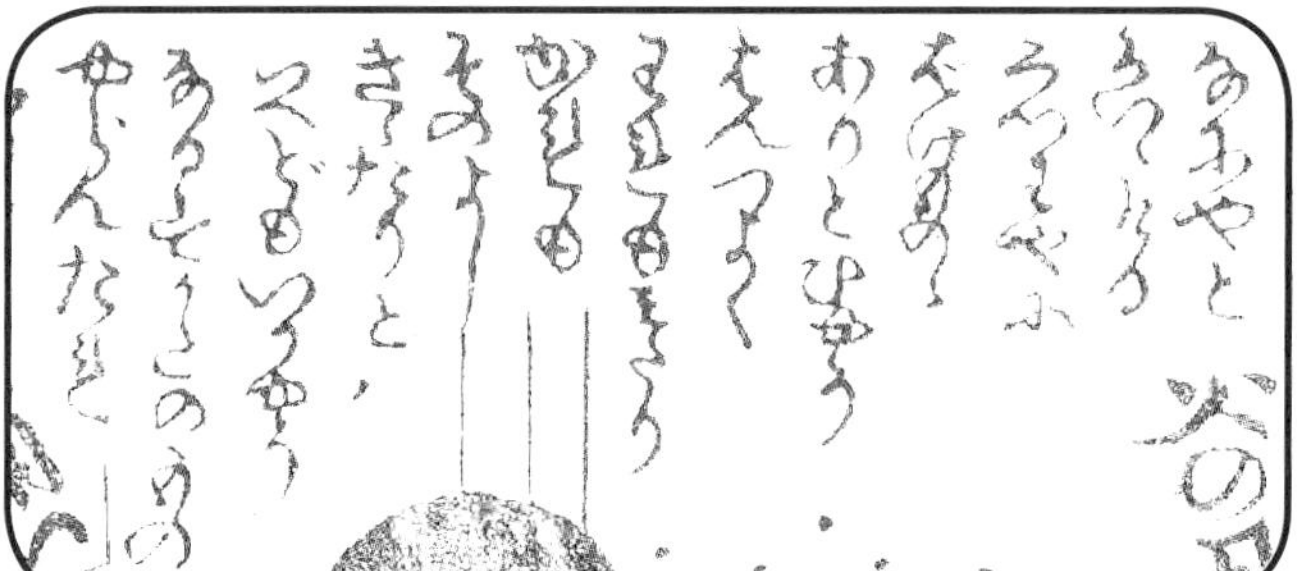

詞書拡大Ⓐ

★読み

なにやと
かいいける
くつわやに
ばけものの
ありと　ひやう
はんつよく
われもみたり
かれも
そのよし
ききたりと
いへども　いかやう
なるすかたのもの
やらん　たれ

詞書
拡大B

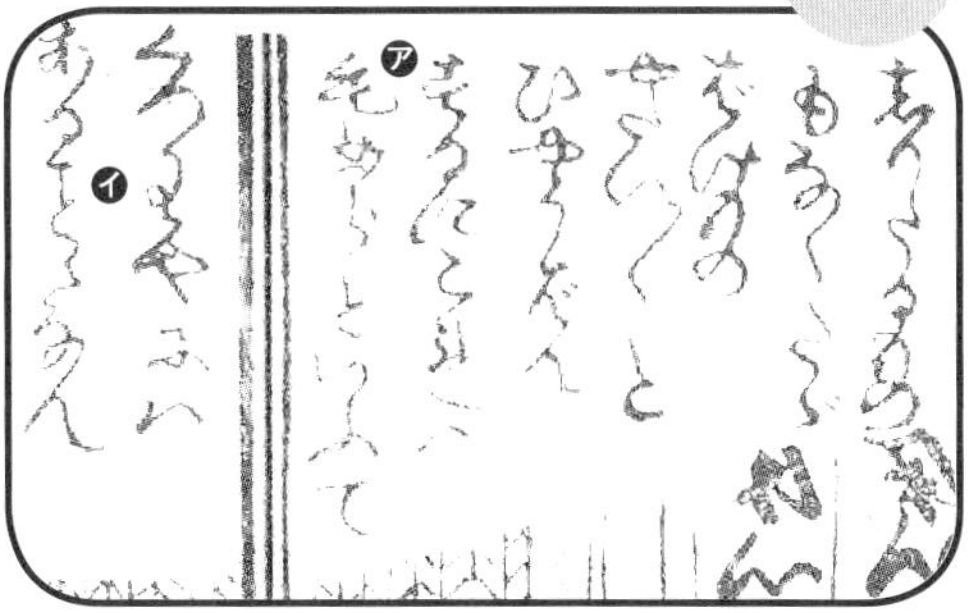

ア「毛女郎」
イ「こ＝己」と「と＝止」の合字

★読み

しりたるもの
もなく　ただ
ばけもの
やたい　ばけものやたいと
ひやうばん
するに　これは
毛女郎といふて
くつわやには
あることとなん

★ザックリ現代語

屋号は何屋だったかはっきりしないが、あるくつわ屋（遊女屋）に、化け物がいると評判になった。オレも見た、ヤツもその話を聞いたと騒ぎになるが、どんな姿形の化け物なのか誰も知らない。ただ、化け物屋台（化物が出る遊女屋のこと）だ、姿はああだのこうだのと噂するだけ。「これは毛女郎という妖怪で、くつわ屋にはよく出るものだ」とある老人が語る。さらに続けて、目も鼻もなく、総身みな髪の毛のようで、よく暗い廊下などにいることがある。でも、そのたたずまいは至って麗しいと老人は解説した。

詞書
拡大C

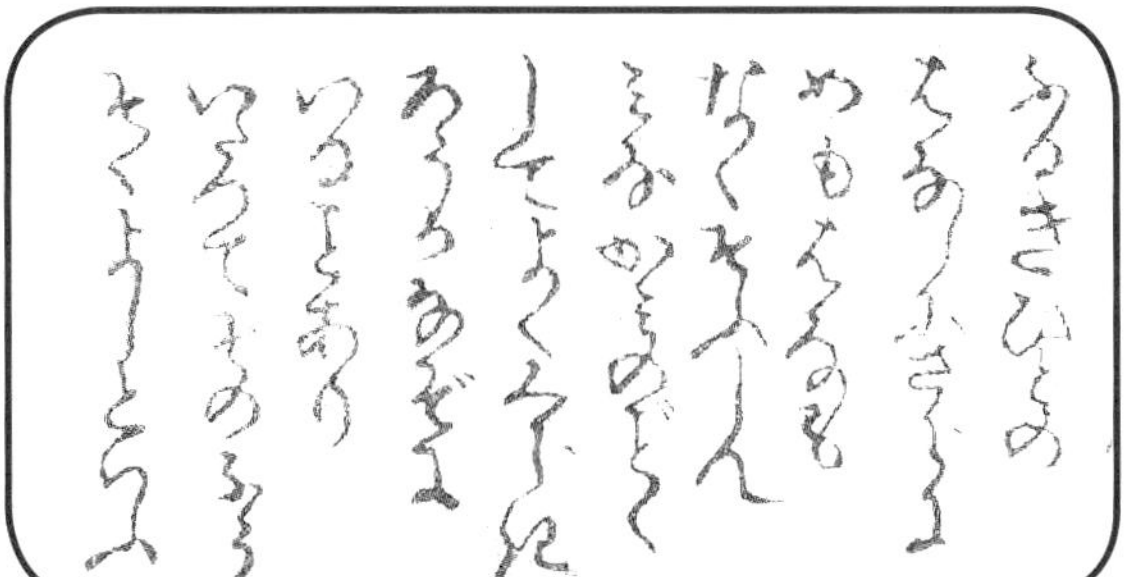

★読み

ふるきひとの
はなしに　さらに
めもはなも
なく　そふしん
みなかみのごとく
して　よくくらき
ろうかなぞに
いることあり
いたつて　そのふう
そく　よしといふ

『変化物春遊』——④

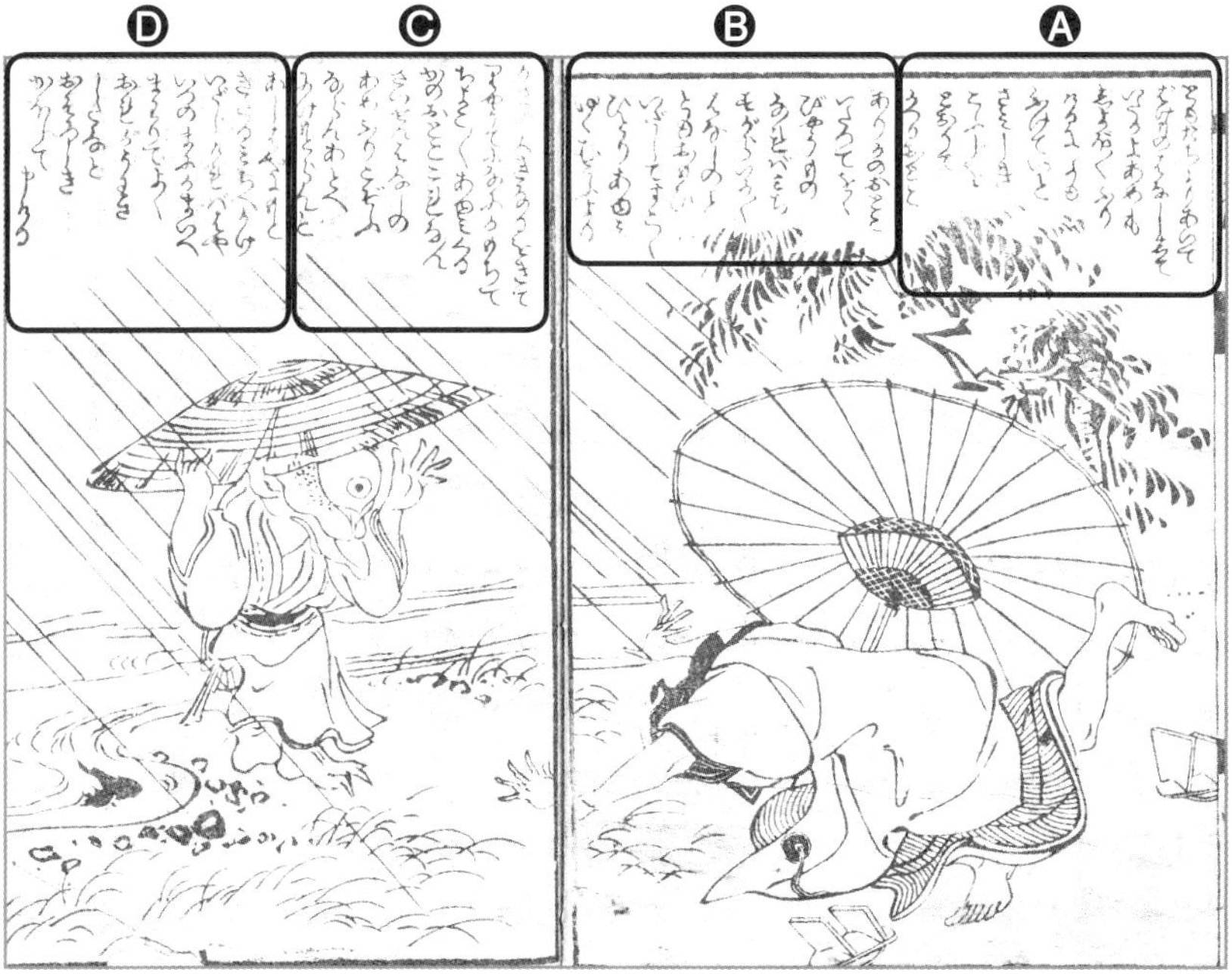

●国立国会図書館所蔵

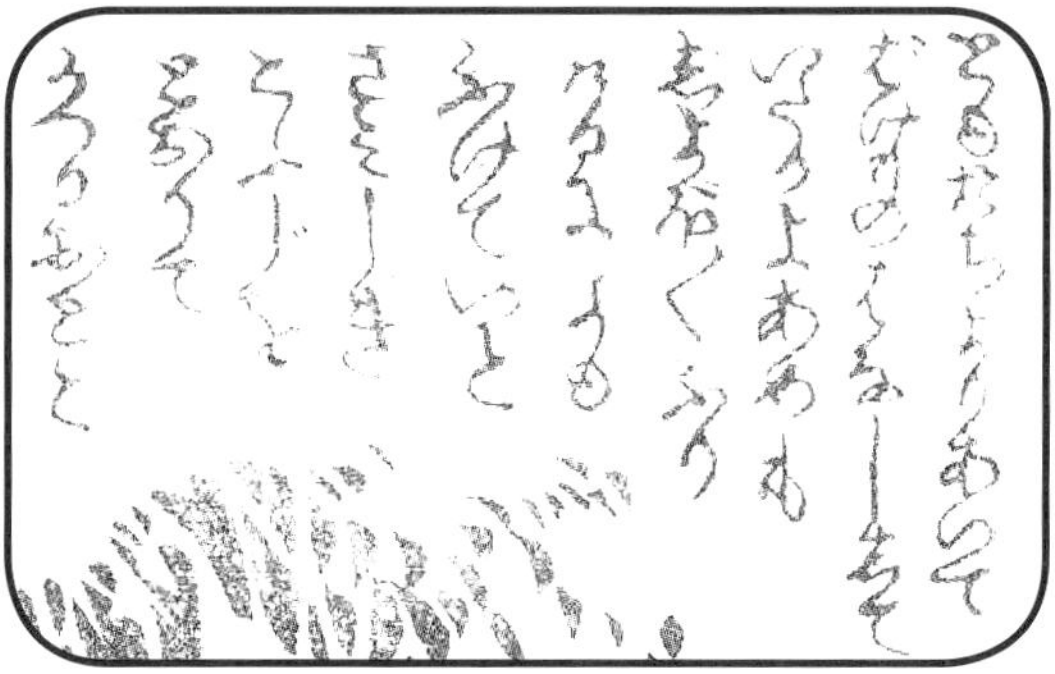

詞書拡大Ⓐ

★読み

ともだち　よりあいて
ばけものばなしして
いたりよ　あめも
しよぼしよぼふり
けるに　よも
ふけて　いと
さみしき
こふじを
とおりて
かへるおとこ

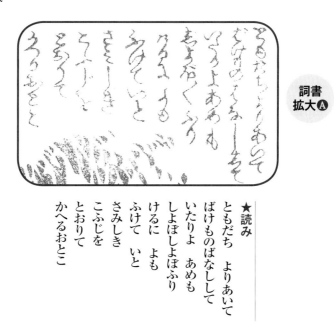

詞書
拡大Ⓑ

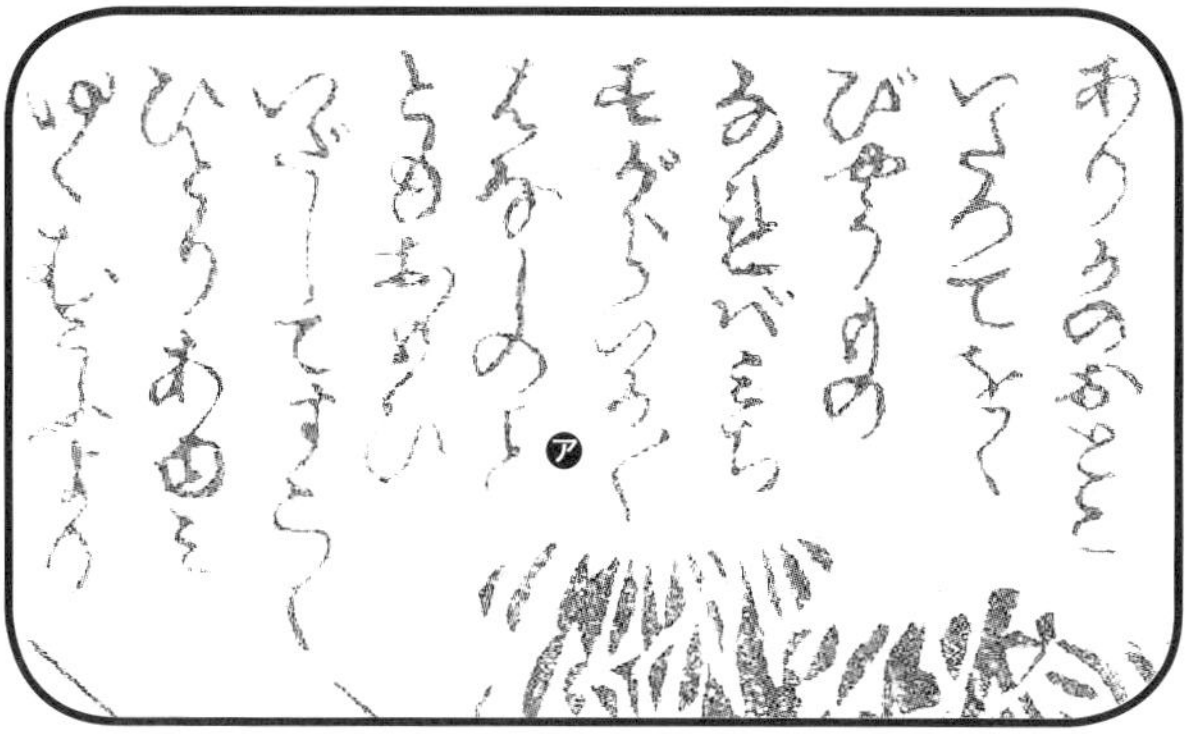

㋐「こ＝己」と
「と＝止」の合字

★読み

あり　かのおとこ
いたつて　をく
びやうもの
なれば　みち
すがら　いろいろ
はなしのこと
とも　おもひ
いだして　すこすこ
ひとりあゆみ
ゆく　むこふより

詞書
拡大Ⓒ

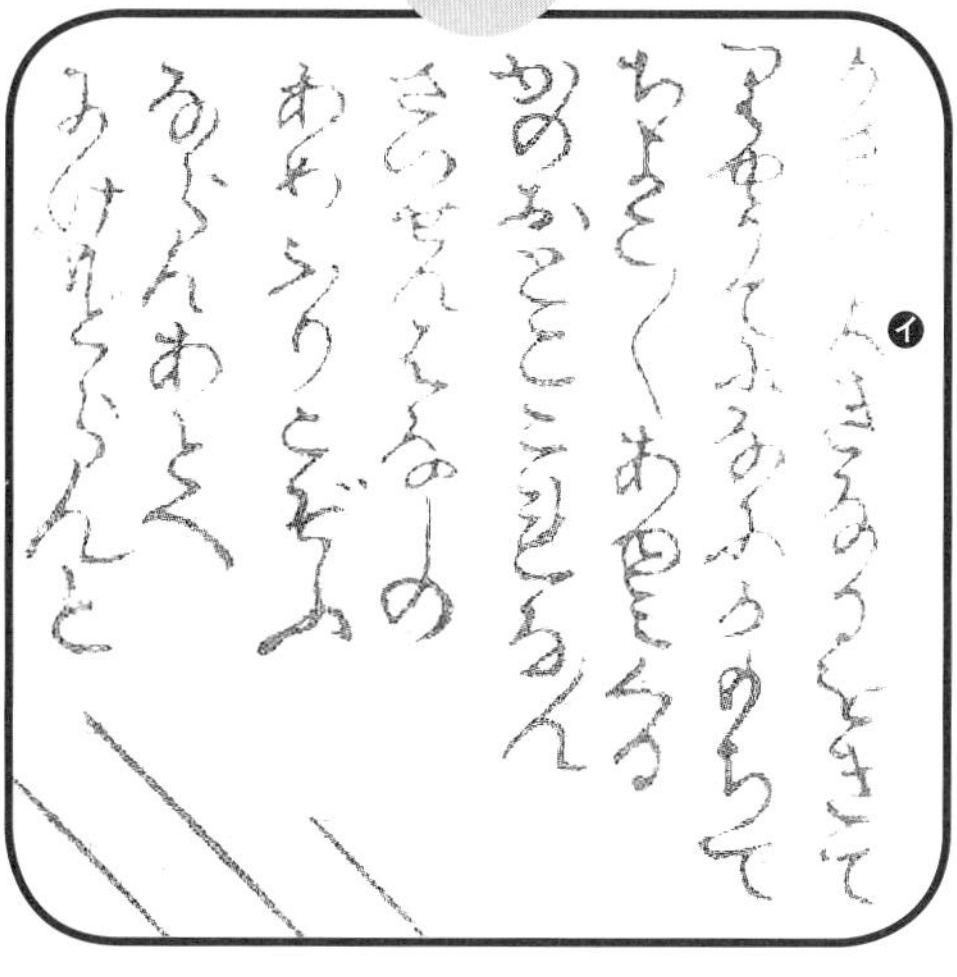

㋑「大」

★読み

かさの大きなるをきて
りやうてに　なにかもちて
ちよこちよこ　あゆみくる
かのおとこ　これなん
さいせんはなしの
あめふりこぞふ
ならん　あとへ
にけもどらんと

詞書
拡大Ⓓ

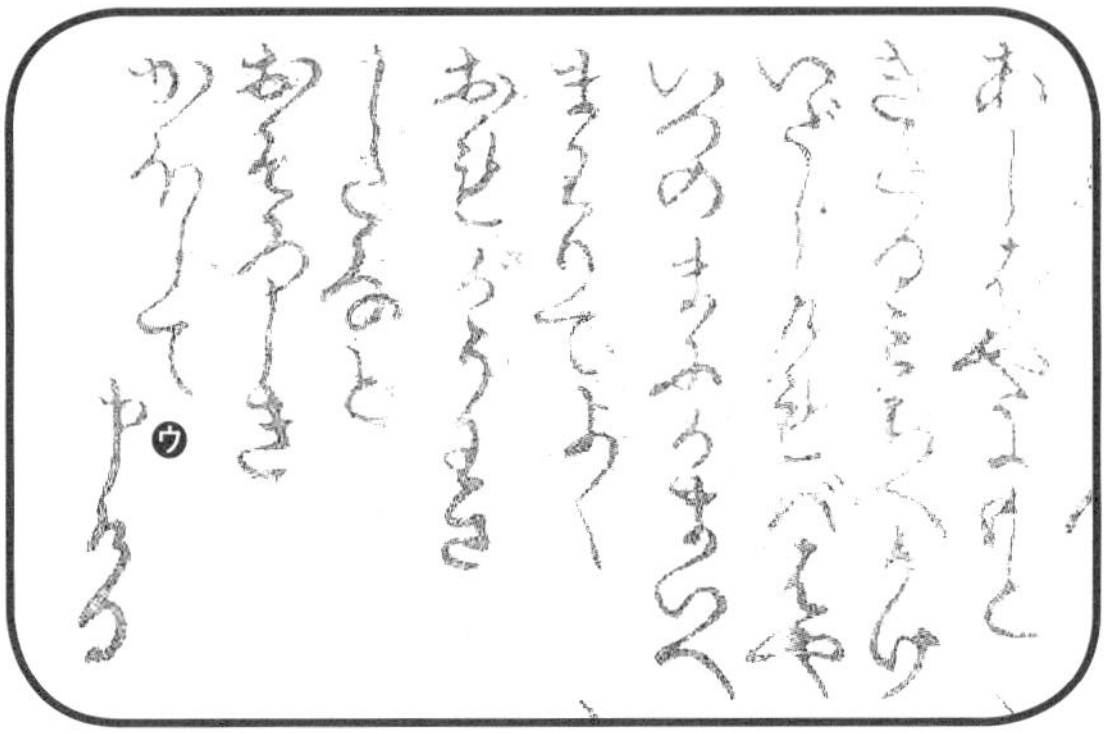

ウ「申（もうし）」

★読み

あしばやに　もと
きたるみちへかけ
いだしければ　はや
いつのまにか　まいへ
まわりて　よく
おれがうわさ
したなと
おそろしき
かほして
申ける

★ザックリ現代語

仲間がより集まって怪談話をしていたある夜。雨もしょぼしょぼ降り、夜も更けているのに寂しい小路をひとりで帰らなくてはならない男がいた。その男は至って臆病者で、道すがら、先ほど話題に上った怪談話のあれこれを思い出し、びくびくしながら歩いていた。と、向こうから大きな笠を被って両手に何かを持ち、こちらにちょこちょこと近づいてくる者がいた。これは先ほど話に出てきた妖怪・雨降り小僧に違いないと男は思い、踵を返して元きた道を足早に取って返した。ところがいつの間にか、その者は男の前方にまわり込んで立ち塞がり、「よくもオレの噂をしてくれたな」と、恐ろしい化け物の顔を見せていうのだった。

『変化物春遊』——⑤

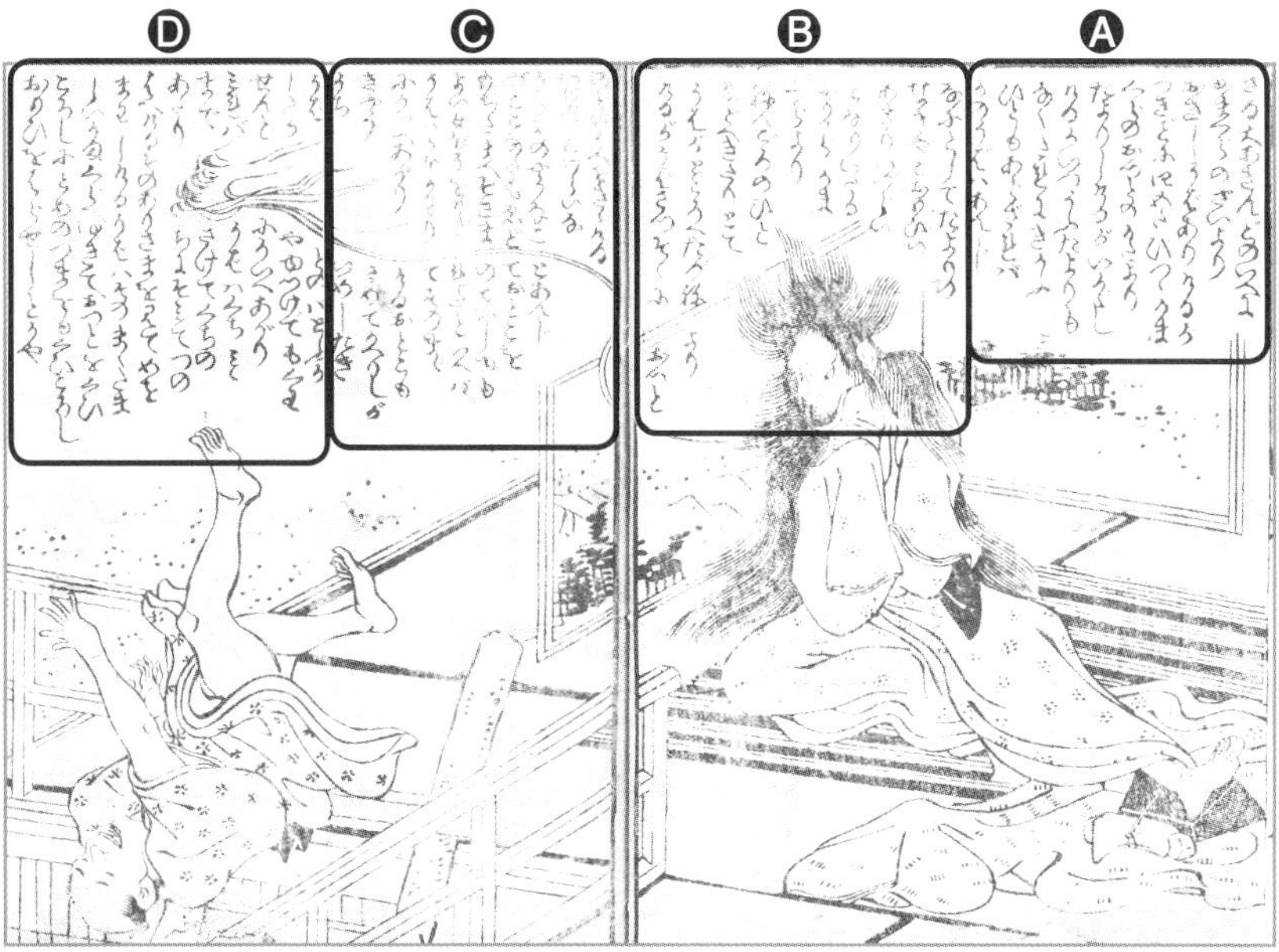

●国立国会図書館所蔵

詞書拡大Ⓐ

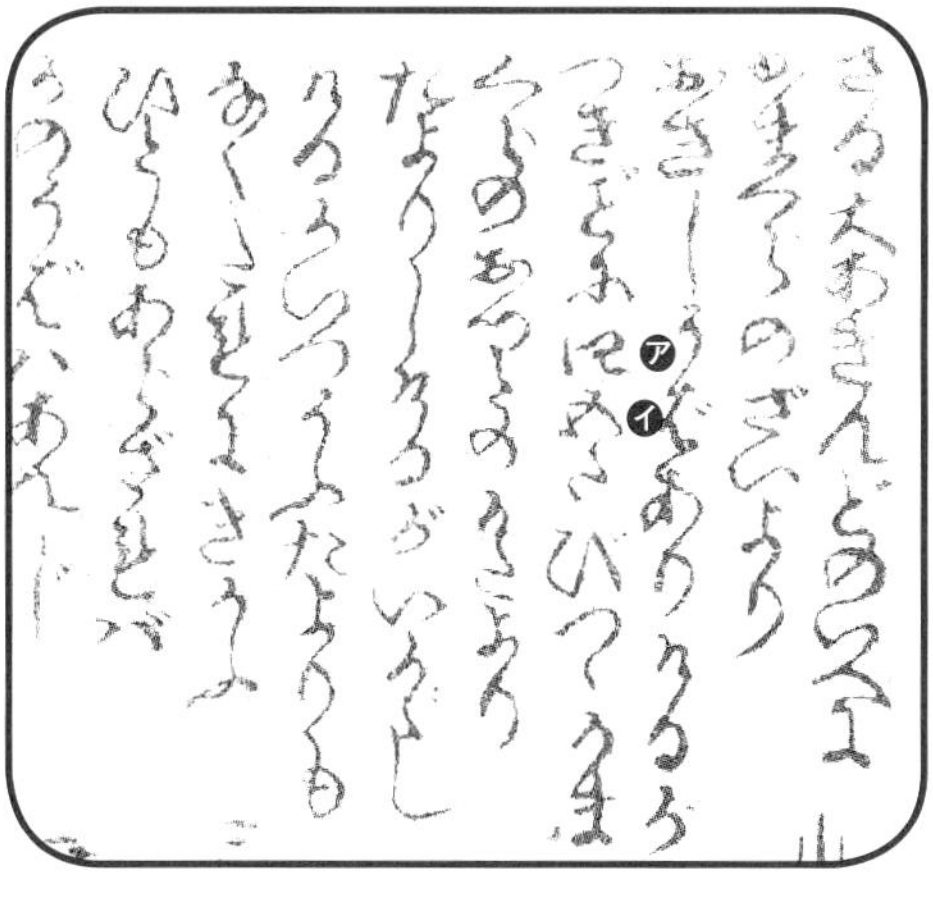

ア「四」　イ「五」

★読み

さる大あきん
どのいへに
かまくらのざいより
おきし
うばありけるが
つきごとに四五たびつつ
かま
くらのおつとの
かたより
たよりしけるが
いかがし
けるか
いつかふたよりも
なく　たれにきかふ
ひともあらざれば
かのうばはあんじ

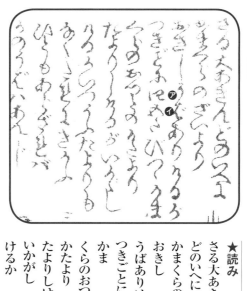

詞書 拡大B

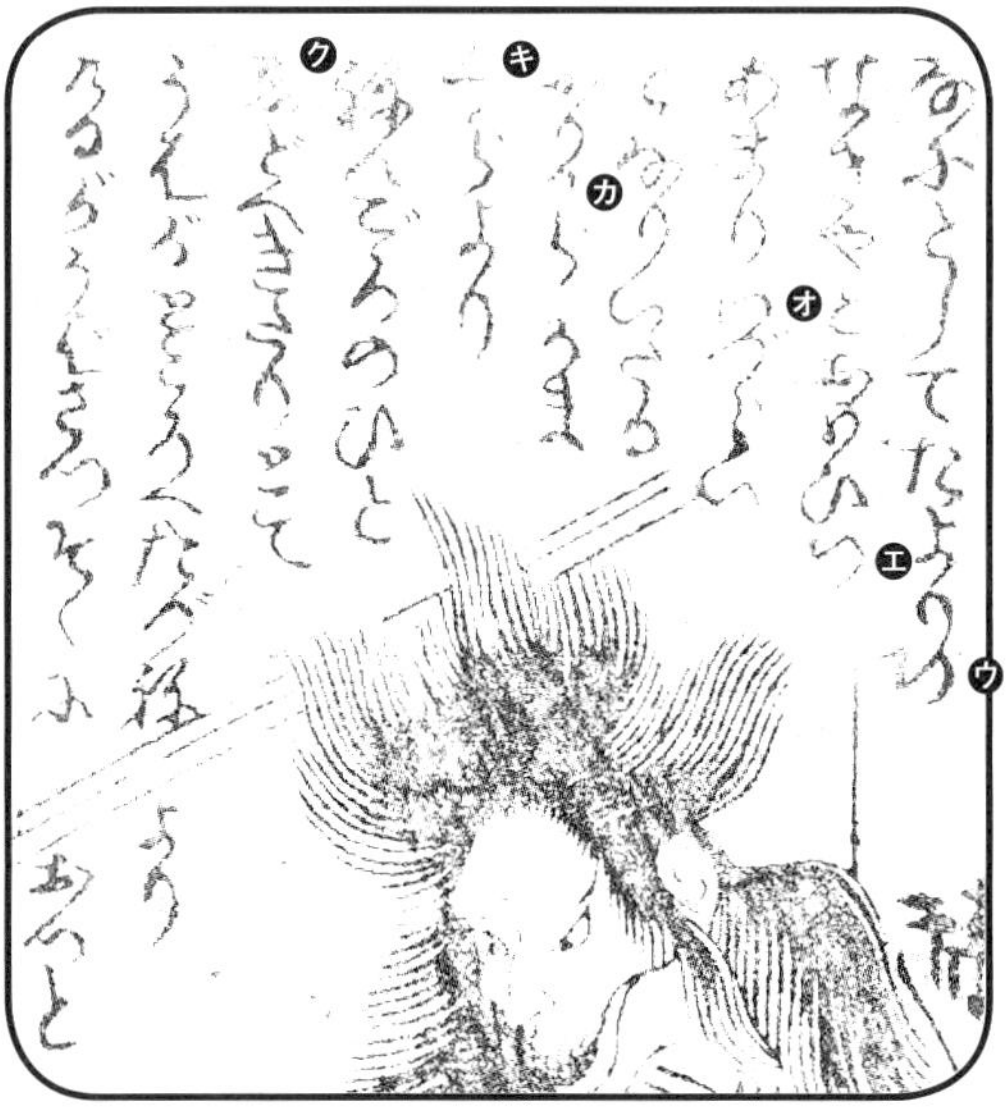

ウエ「の＝乃」　オ「わ＝和」　カ「か＝可」
キ「く＝久」　ク「ゑ＝恵」

★読み

なにとして　たよりの
なきやとおもひの
あまり　わづらい
となりいたる
おりから　かま
くらより
ねんごろのひと
ゑどへきたりとて
うばがところへ
たづねより
けるが　うば
さつそくにおつと

詞書 拡大C

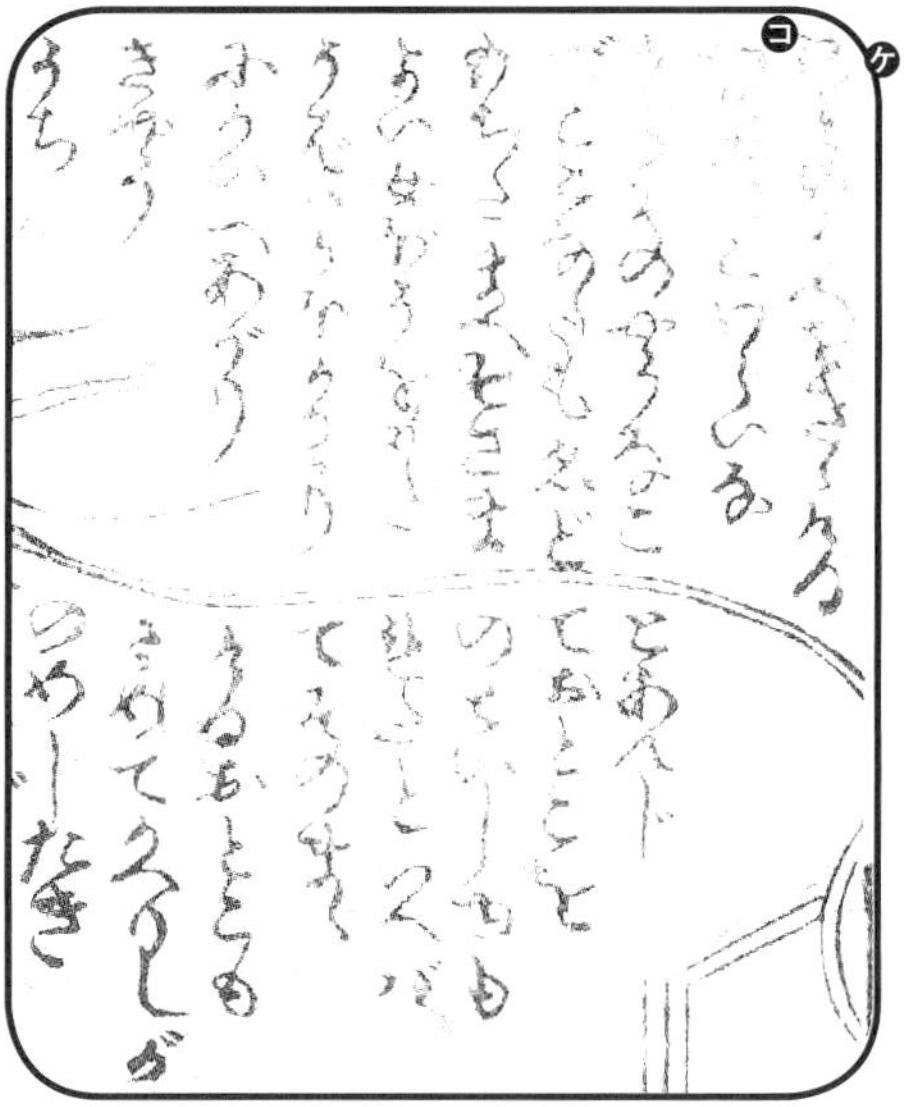

※かすれた字は「読み」を参照。

ケ「の＝乃」　コ「か＝加」

★読み

のみのうへをききける
かのおとこ　わらいな
がら　そのやうなこと　あんじ
づと　こなたもゑどて
おとこを
もちたまへ　そさまのていしゆも
よい女ぼうをもたれたといへば
うばはかほかわりて　そのまま
にかいへあがりける　おとこも
きやうさめてかへりしが
うちのめしたき

詞書
拡大Ⓓ

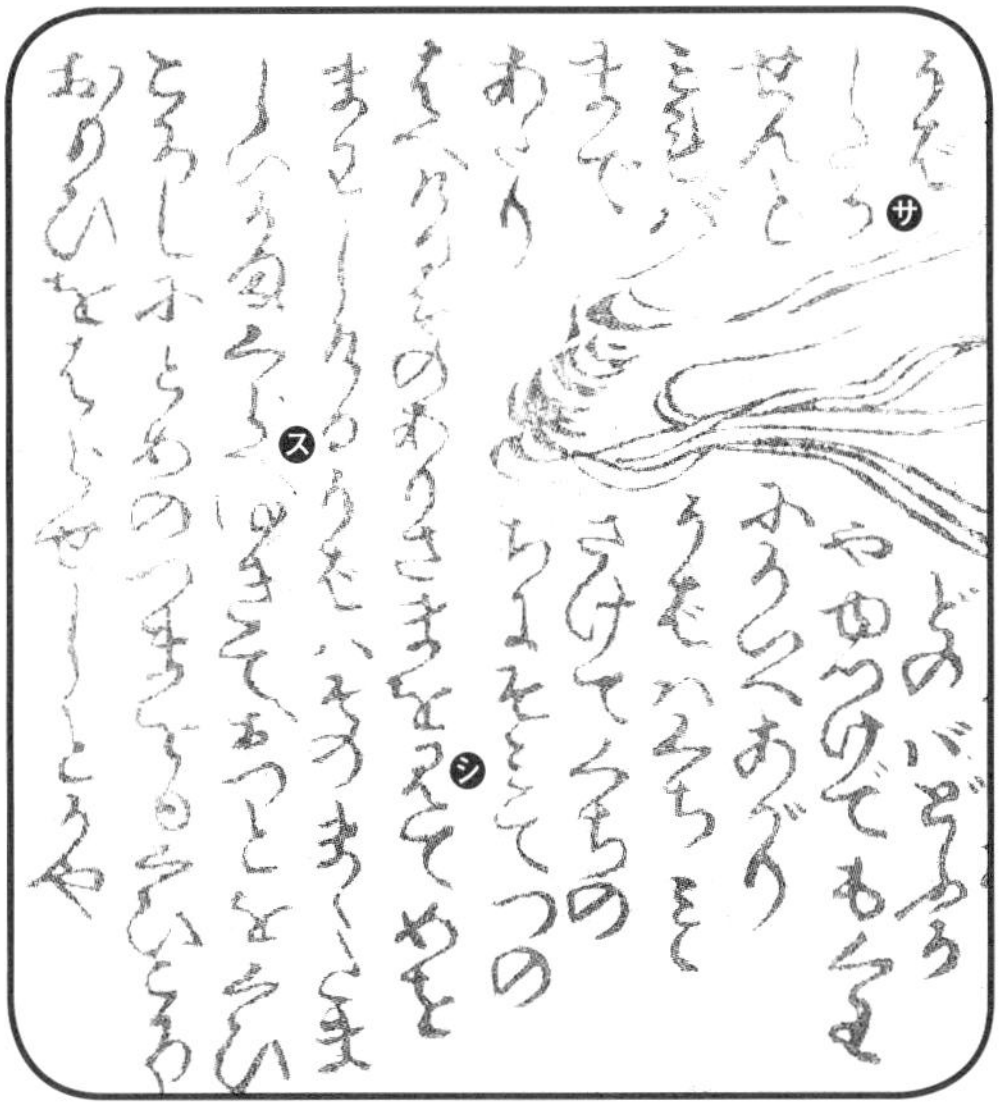

サ「か＝可」　シ「見」　ス「へ＝部」

★読み

うばどのば　どふか
したかや　ゆつけでもくわ
せんと　にかいへあがり
みれば　うばはくち　みみ
までさけて　くちの
あたりちにそみて　つの
はへける　そのありさまを見て　めを
まわしける　うばはそのまま　たま
しい　かまくらへゆきて　おつとをくひ
ころし　にとめのつまをもくひころし
おもひをはらせしとかや

★ザックリ現代語

（江戸の）さる大商人の家に、鎌倉の郊外からきている住み込みの女中がいた。月に4、5回、鎌倉の夫から手紙がきていたのだが、どうしたものかぷっつり音信が絶えた。事情を聞ける人もなく、どうして便りがこないのかと心配するあまり、女中は病気になってしまった。そんなおり、鎌倉から知り合いの男が所用で江戸に出てきて、ついでにと女中のもとに訪ねてきた。女中は顔を見るなり夫の近況をたずねた。すると男は笑いながら「そのようなことを案じるな。あなたも江戸でいい男を探しなさい。あなたの夫も新しい女房をもらった」といった。それを聞いた女中は表情を一変させ、二階に上がってしまった。男は興ざめして帰る。（そんな様子を見ていた屋敷の者が）ウチの飯炊き女中殿はどうしたのか。（機嫌をなおしてもらうために）湯漬けでも食べさせようと、二階にいって女中を見ると、口は耳まで裂けて口のあたりは血に染まり、頭から角も生えていた。屋敷の者はその姿に目をまわした。女中は魂を鎌倉に飛ばして夫を食い殺し、二度目の妻も食い殺して無念の思いを晴らしたという。

『変化物春遊』——⑥

●国立国会図書館所蔵

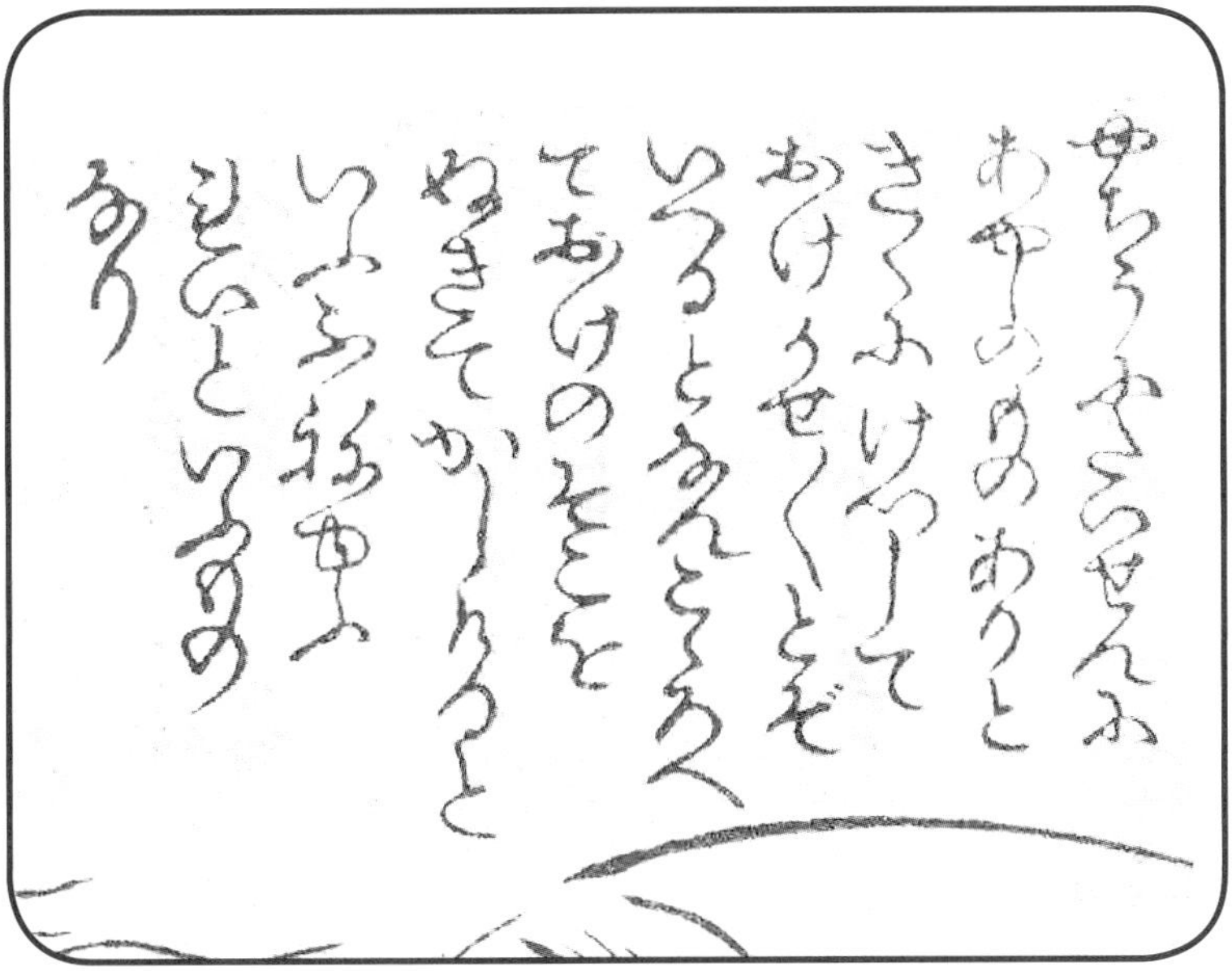

詞書拡大

★読み

やちうに　たいせんに
あやしのものありと
きくに　けつして
おけかせ　おけかせとぞ
いへるとなん　こころへ
て　おけのそこを
ぬきて　かしけると
いふ　ふねゆふ
れいといふもの
なり

★ザックリ現代語

夜中、（航海する）大きな船に、怪しい者たちが近づいてくることがある。その者たちは「桶を貸せ、桶を貸せ」といってくるが、その際には、必ず桶の底を抜いて貸すよう心がけておけ。その者どもは船幽霊といわれている。※桶の底を抜くのは、幽霊たちが桶に水を汲んで船に注ぎ、乗っている船が転覆させられてしまうからだ。

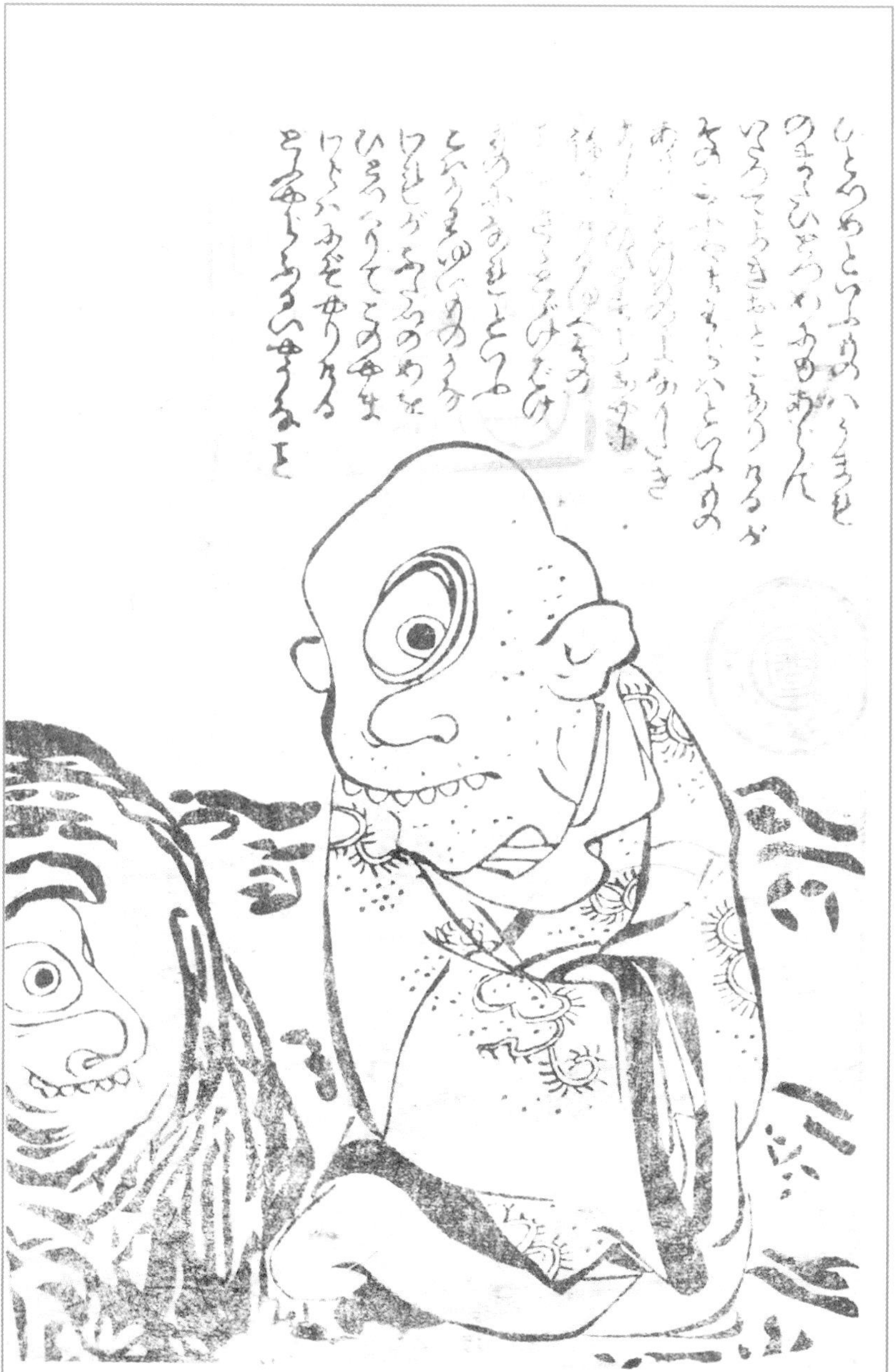

●国立国会図書館所蔵

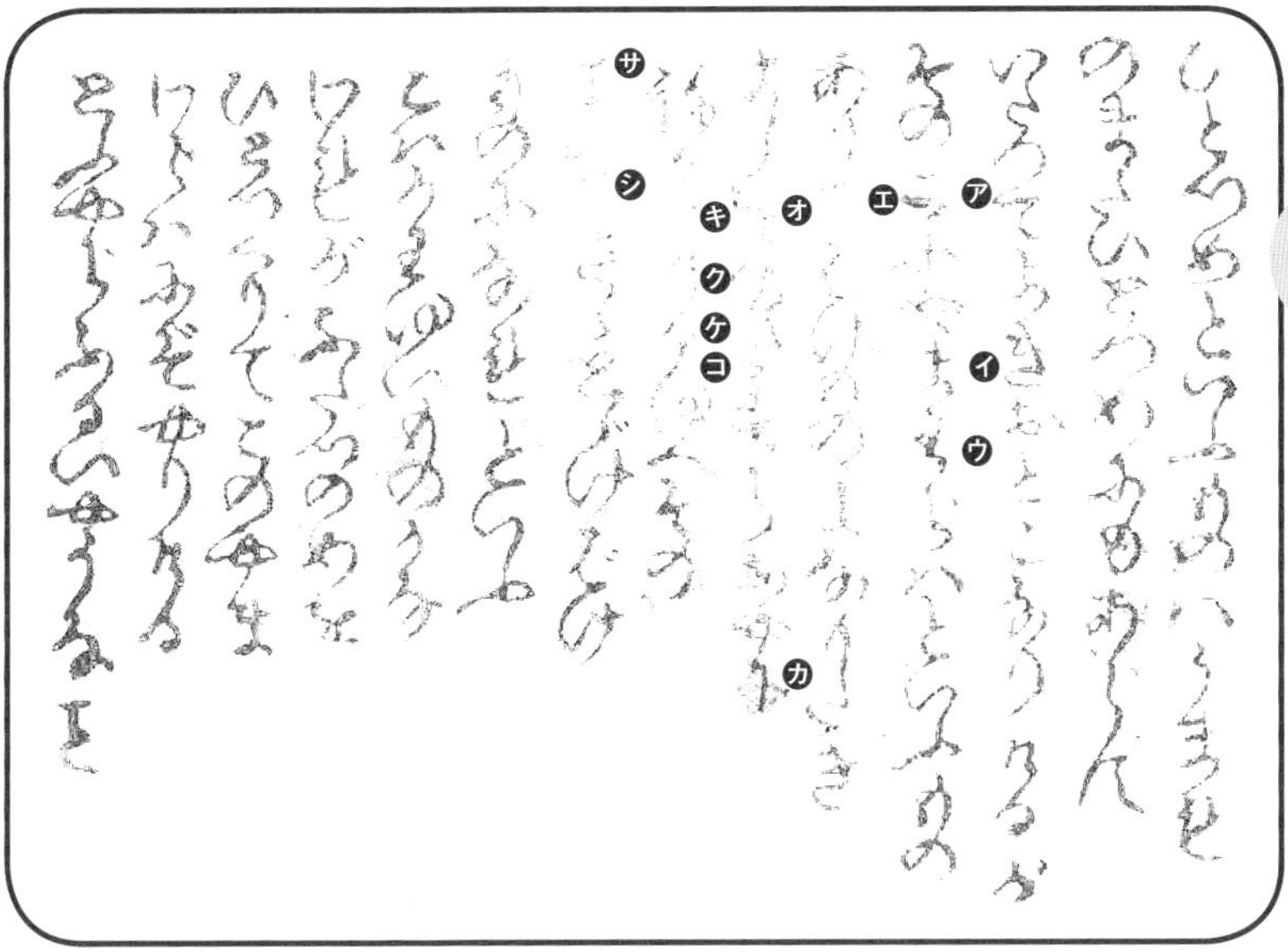

詞書拡大

ア「こ＝己」　イ「ま＝末」　ウ「わ＝王」　エ「て＝天」　オ「を＝遠」　カ「に＝尓」　キ「い＝以」　ク「け＝介」　ケ「る＝留」　コ「ゆ＝由」　サ「こ＝己」「と＝止」の合字「こと」　シ「を＝遠」

★読み

ひとつめといふものは　うまれ
のまま　ひとつめにもあらず
いたつてよきおとこなりけるが
そのこに　やまわらはといふもの
ありて　はけものになりたき
よしを　ひたすらおやに
ねがいける　ゆへ　その
ことをききとどけ　ばけ
ものになれといふ
こはかわゆいものかな
われがふたつのめを
ひとつくりて　このやま
わらはにぞ　やりける
どふやら　ふるいやうなこと

★ザックリ現代語

一ツ目（入道）は、生まれながらの一ツ目だったわけではない。もとは（人を驚かすようなことのない）至ってよい男だったが、その子に山童という者がいて、化け物になりたいと親に懇願した。そして父も化け物になってくれとのことだが、子どもというものは可愛いものだ。それで、ふたつの眼のうち片方をくりぬいて、子の山童に与え、自分も化け物になった。（この話は）どうやらだいぶ古い話のようだ。

※本文中に、現代では不適切にあたる表現が一部用いられているが、作品のすべてを読むことを優先させ、そのまま掲載した

Ⓐ Ⓑ Ⓒ

●国立国会図書館所蔵

詞書拡大Ⓐ

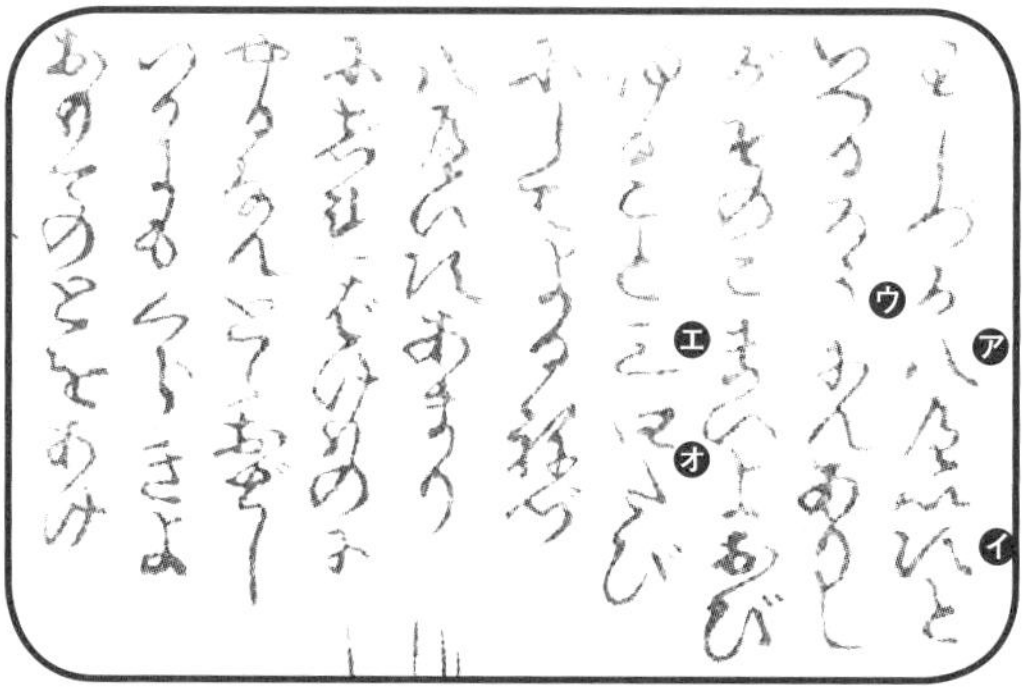

ア「八」
イ「次」
ウ「う＝宇」
エ「三」
オ「四」

★読み

わしづか八へい次と
いへる　ろうにんありし
が　そのこ　まいよおび
ゆること　三四たび
にして　よるねづ
八へい次あまり
にじれ　ばけものに
やるなんととおどし
いかにもくらきよ
おもてのとをあけ

詞書
拡大Ⓑ

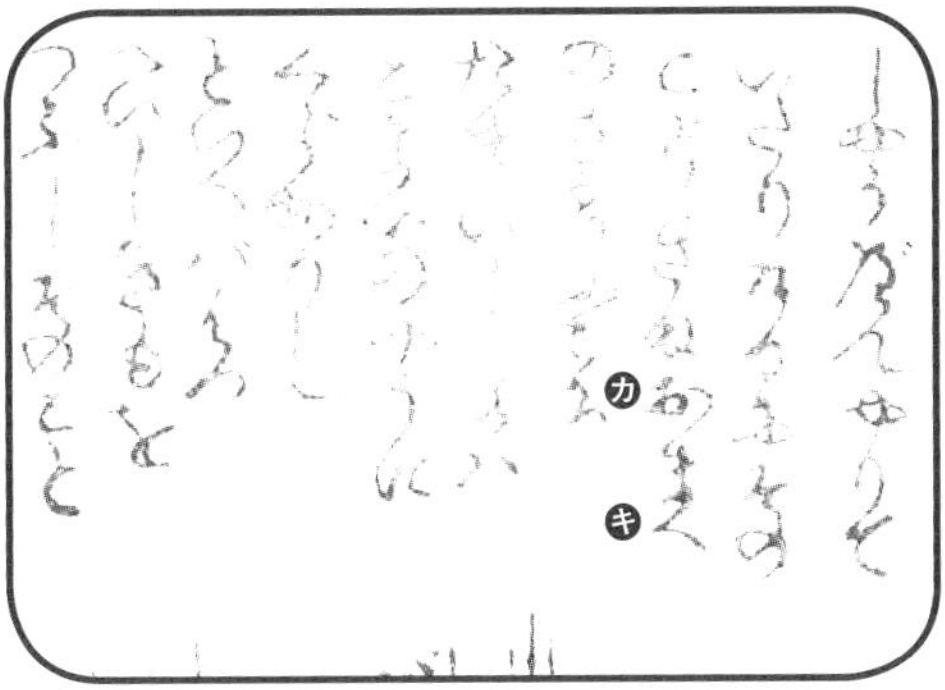

カ「ろ＝呂」
キ「し＝之」

★読み

しやうべんやりて
いたりけるに　その
こ　ととさま　おまへ
のざとう　ころし
たまいしよは
こよいのやうに
くらかりし
といへば　はつ
へいじ　きもを
つふし　そのこと

詞書
拡大Ⓒ

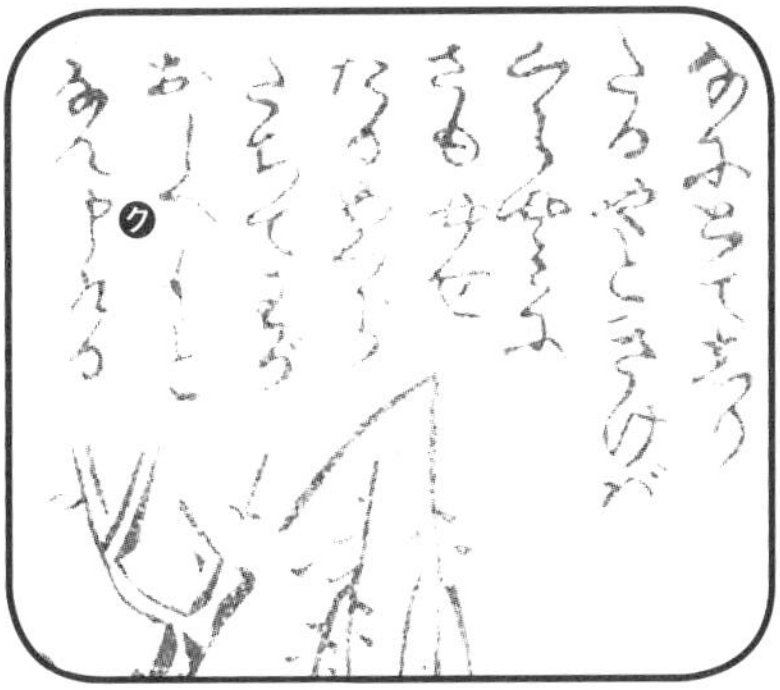

ク「申」（もうし）

★読み

なにとてしり
たるや　ときけば
くらやみに
さもやせ
たるめくら
たちて　わが
おしへしと
なん申ける

★ザックリ現代語

わしづか八へい次という浪人がいた。八へい次には子どもがいたが、その子は夜になると、三度も四度も怯えて眠らない。八へい次はイライラして、「（いうことを聞いて寝ないなら）化け物にくれてしまうぞ」と叱りつけながら、暗い夜半、表の戸を開けて子どもに小便をさせた。すると子どもがいう。「とと様が目の見えない人を殺した夜は、今夜のように暗かったのですね」。八へい次は肝を潰し、「どうして知っているのか」と問えば、「そこの暗闇に痩せた目の不自由な人が立っていて、教えてくれました」というのであった。

『変化物春遊』——⑨

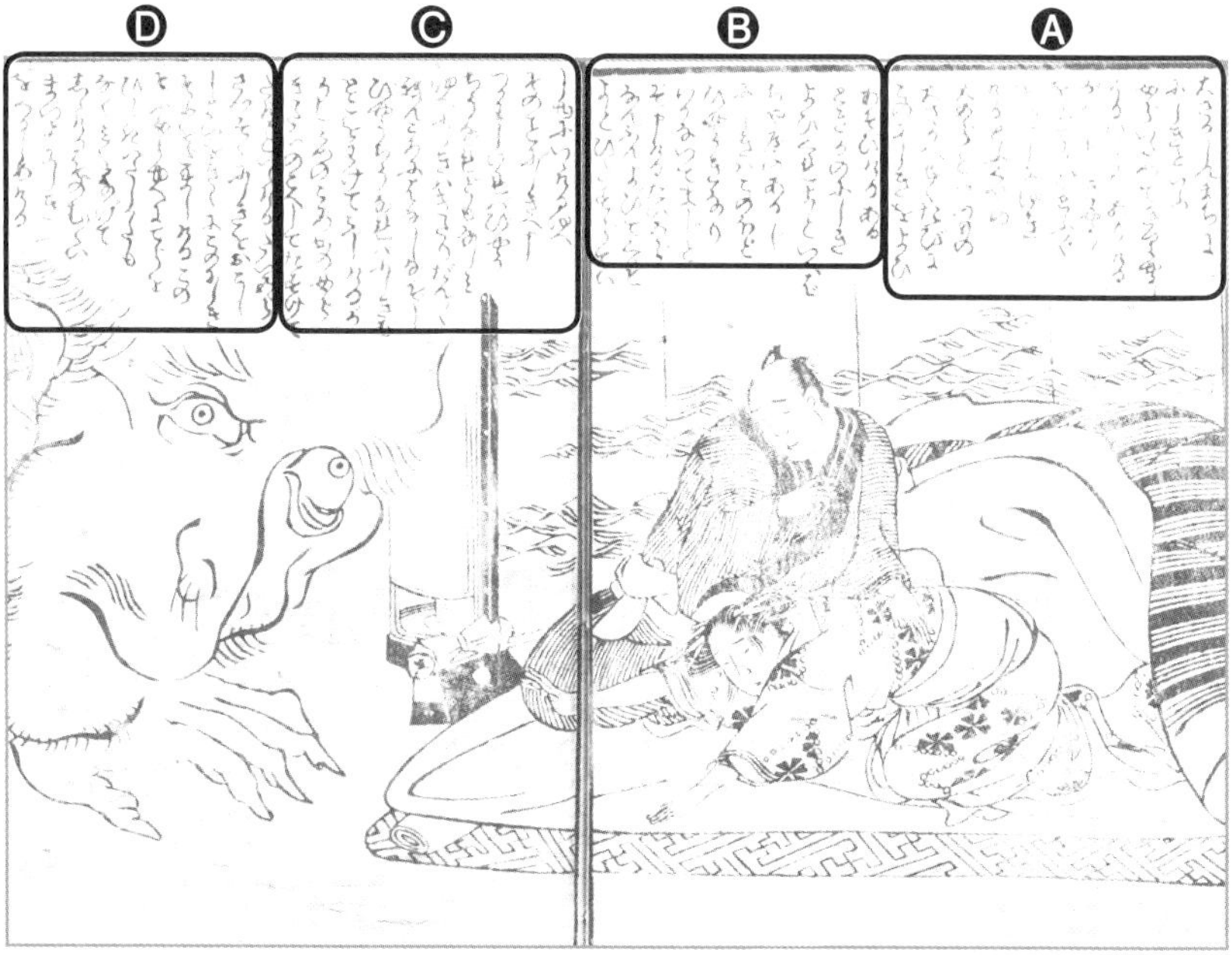

●国立国会図書館所蔵

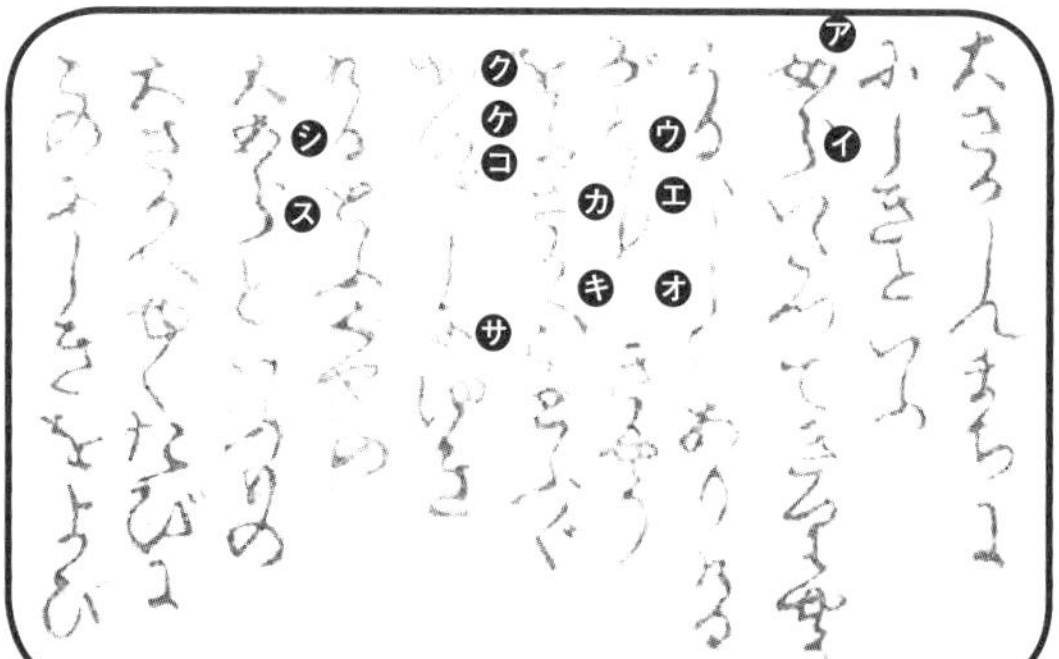

詞書拡大Ⓐ

ア「女」 イ「郎」 ウ「と＝止」 エ「し＝之」 オ「繰り返し記号」 カ「さ＝左」 キ「へ＝部」 ク「か＝加」 ケ「い＝以」 コ「た＝多」 サ「に＝尓」 シ「五」 ス「郎」

★読み

大さかしんまちに
にしきという
女郎　いたつて　きりやう
うるはしくありける
が　としとし　きやう
をふさかへ　こどふぐ
かいだしにゆき
ける　どふぐやの
大五郎といふもの
大さかへゆくたびに
このにしきをよび

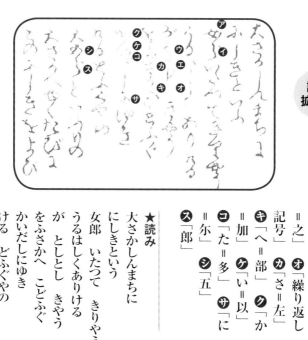

詞書拡大B

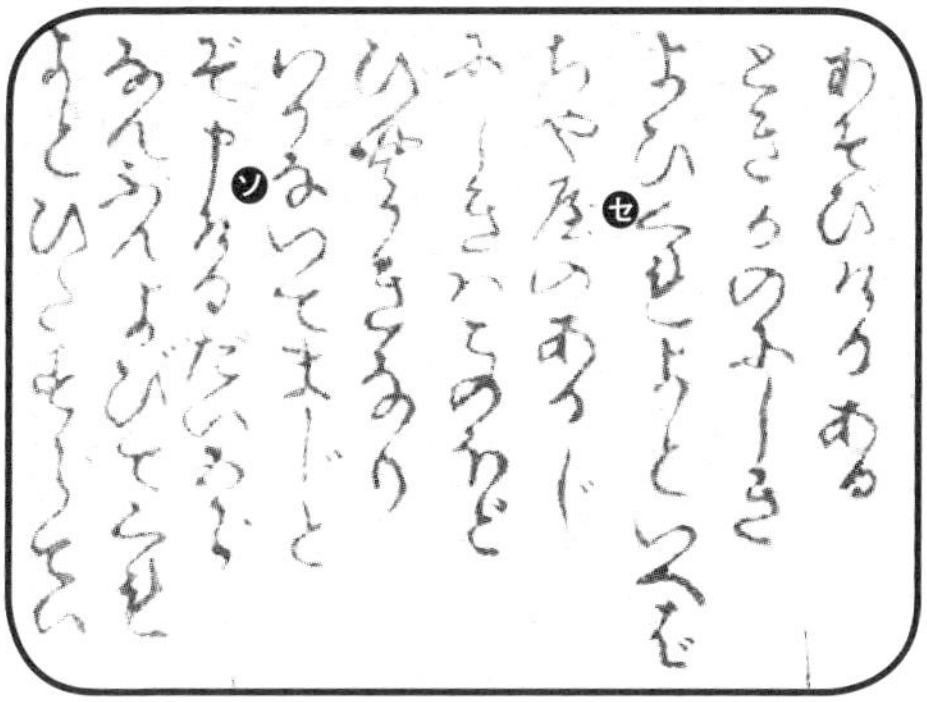

セ「屋」
ソ「申」（もうし）

★読み

あそびけり　ある
とき　かのにしき
よひくれよといへば
ちや屋のあるじ
にしきはこのほど
びやうきなり
いかないてまじと
ぞ申ける　だい五郎
なんぶんよびてくれ
よと　ひたすらてい

詞書拡大C

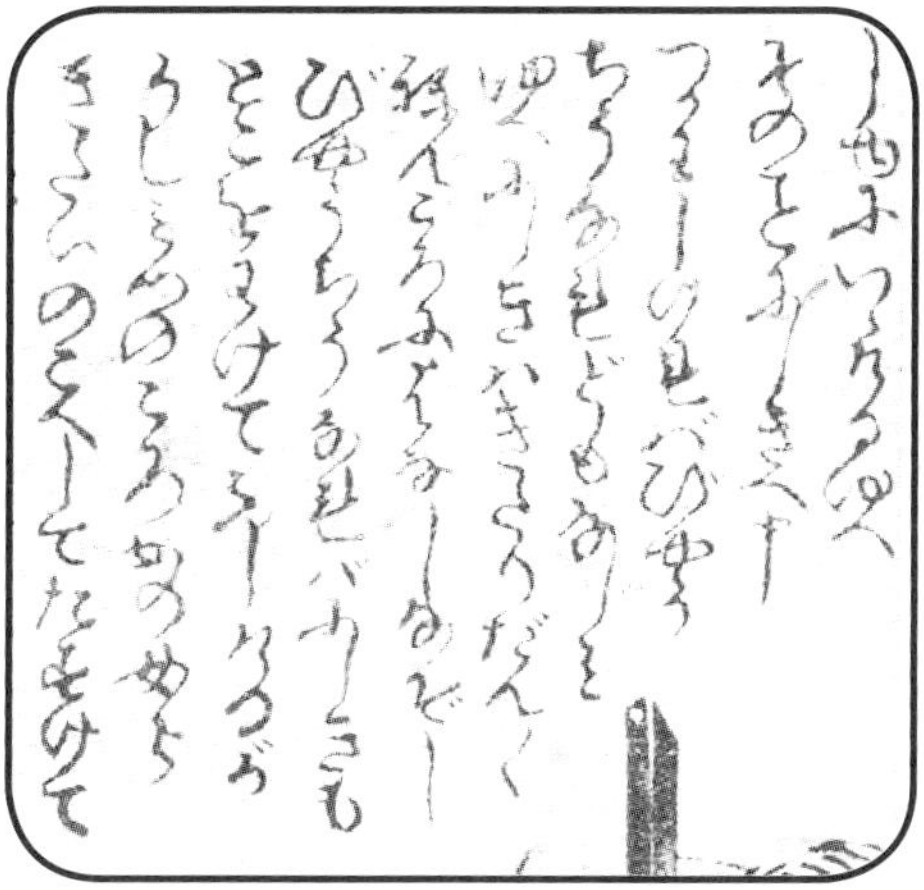

★読み

しゅにいいけるゆへ
そのこと　にしきへ申
つかわしければ　びやう
ちうなれども　なじみ
ゆへ　にしきはきたり　だんだん
ねんごろにはなしなぞし

びやうちうなれば　にしきも
とこをわけてふしけるが
うしみつのころ　かの女郎
きたいのこへして　たすけて

詞書
拡大Ⓓ

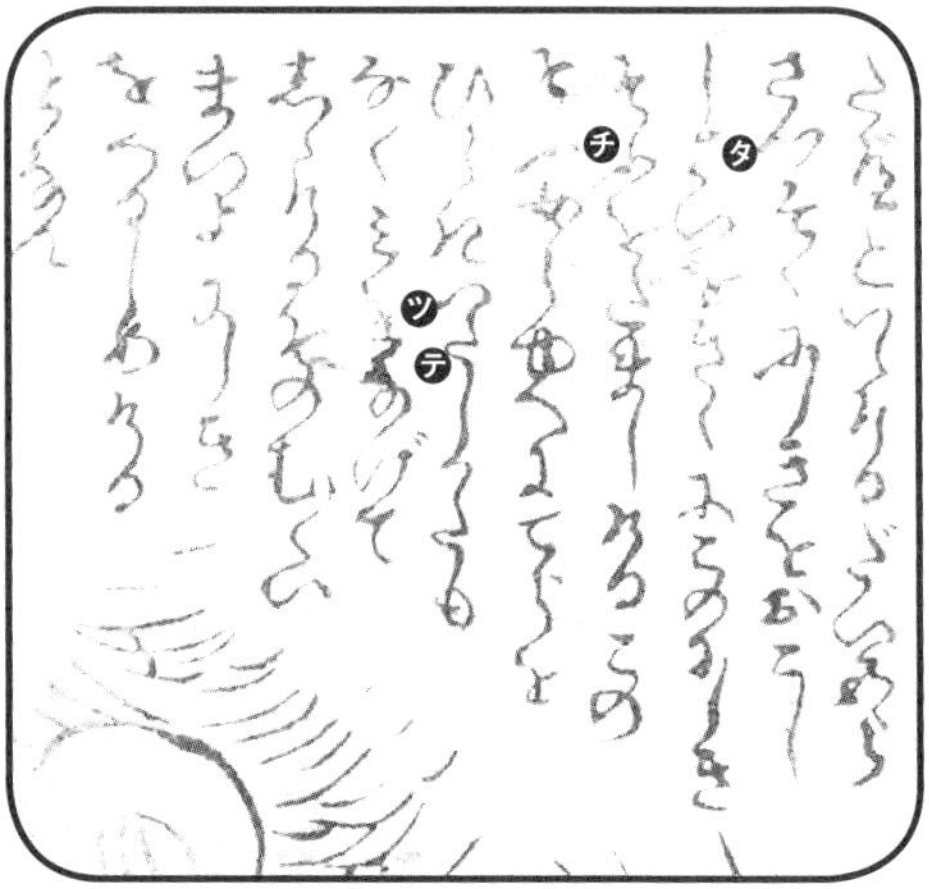

タ「さ＝左」　チ「ふ＝不」　ツ「を＝遠」　テ「な＝奈」

★読み

たべ　といいける　だい五郎
さつそく　にしきをおこし
しさいをきくに　このにしき
そふをだましける　この
そふ　女郎ゆへに　てらを
ひらき　いたしかたも
なく　みをなげて
ししける　そのむくい
まいよ　にしき
をくるしめける
となん

★ザックリ現代語

大坂新町（遊郭街）に「にしき」という遊女がいて、至って器量よしだった。毎年、京・大坂に小道具を買いつけにくる道具屋の大五郎は、このにしきと馴染みになり、大阪にくるたびに床を共にした。あるとき大五郎が、茶屋にいってにしきを呼んでくれというと、主人いわく、病気になってくることができないとのこと。それでも大五郎は「なんとかきてもらえないか」と熱心に茶屋の亭主に頼み込むと、馴染みの関係だからと、にしきはくることを了承してくれた。ふたりは親しく話などし、その後、病中なのでと床を分けてそれぞれ就寝したが、丑三つの頃（午前2時半くらい）、突然にしきが「助けて」と、とてつもない大声を張り上げたのである。大五郎はにしきを起こして子細を聞くと、ある僧侶をだましていたと告げる。そうとも知らず、にしきに入れ込んだ僧侶は寺を追い出され、どうしようもなくなり、ついに身を投げて死んだという。その報いで、恨みを晴らすため僧侶の亡霊が毎夜夢枕に立ち、にしきは悪夢に苦しめられていたとのことだ。

『変化物春遊』⑩

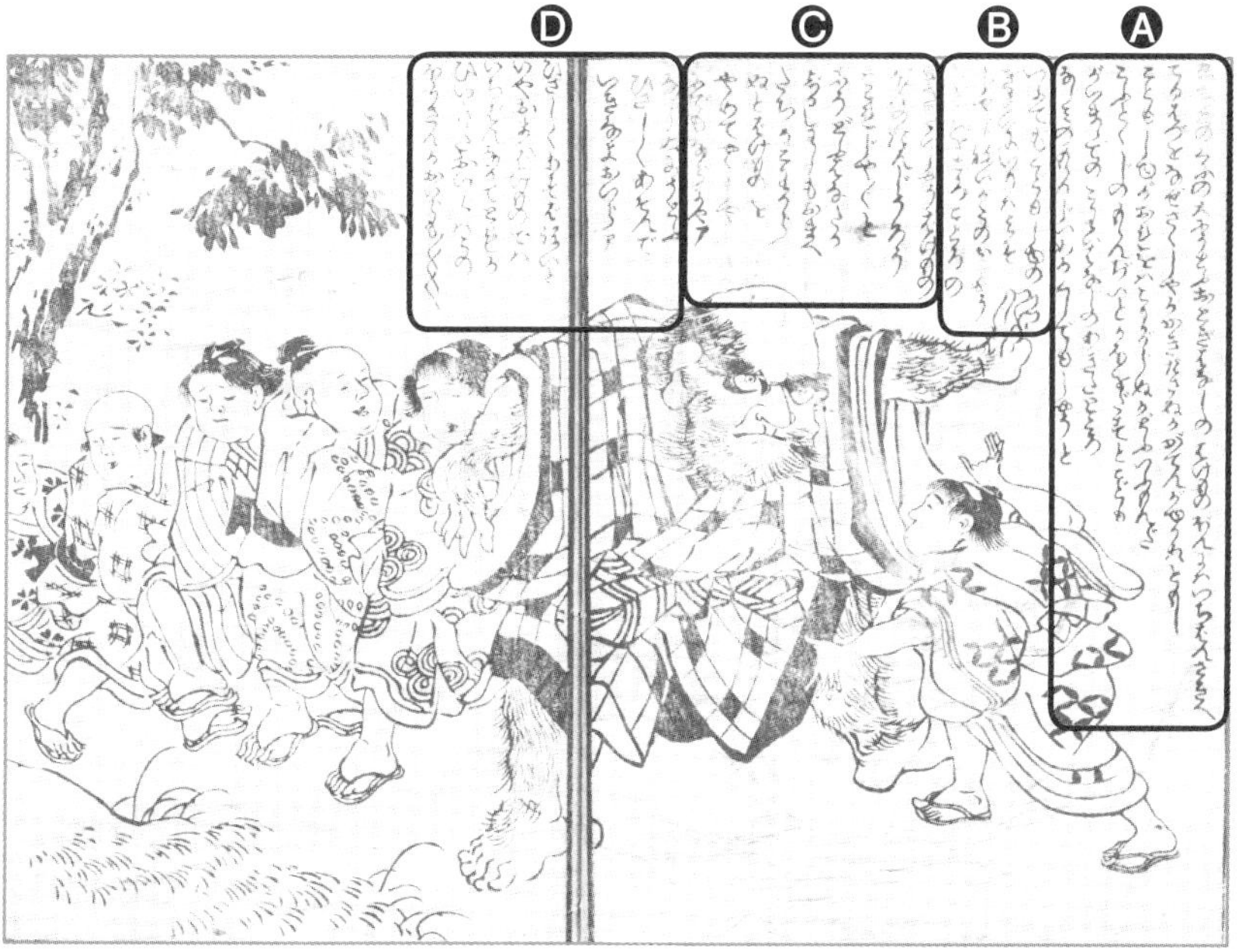

●国立国会図書館所蔵

★ザックリ現代語

越後の国の大入道は、「おとぎ話の化け物本では、（ワシが）一番先に出るのがお約束だ。なぜこの本の作者は（ワシのことを）書き出さないか合点がいかない」といい、さらに「子ども衆（たち）が（最近では）ワシを怖がらない、どうしたのだ?」と不満を口にした。それで「こうとく寺のももんじい（化け物）だ」と子どもたちの前に現れると、ひとりの子どもが「（この本の）ここまでの怖い話も、もうあきたところだ。お馴染みのももんじい、一緒に目隠し鬼でもして遊ぼうよ」と声をかけてきた。そこで大入道は誘いに乗って子どもたちの輪に加わった。ある子どもが「この坊様は味噌っかす（一人前扱いされないこと）じゃないぞ。『子を取ろ、子取ろ』（鬼ごっこ遊びの名称）のガキ大将で、化け物本界の団十郎だよ」ともち上げる。すると大入道はすっかり鼻高々になり、「ワシもお前たち子どもが怖がらないから、もう役者にでもなるしかないのかな」と上機嫌でいった。子どもたちは口々にいう。「入道、もっと遊んでいこうよ」「オイラはもっと遊んでくれないと嫌だな」——。そしてある子が「お前ら、化け物のなかで一番ひいきなのは誰だ？　オイラはこの坊さんだ」というと、「オイラも」という声がいっせいに湧き上がるのだった。

詞書
拡大Ⓐ

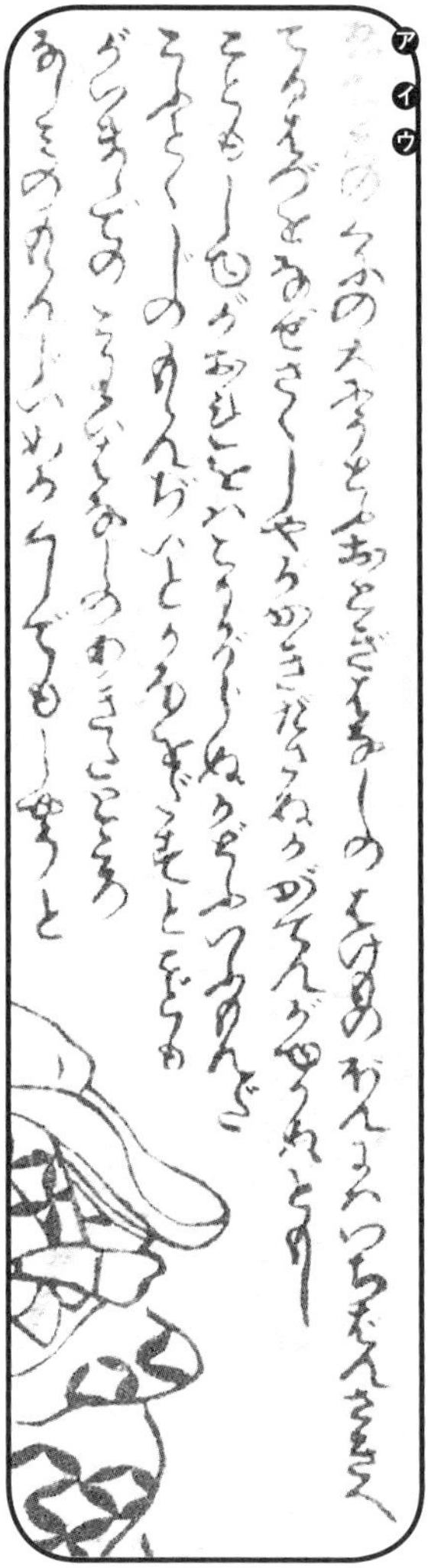

ア「ゑ＝恵」　イ「ち＝知」　ウ「こ＝己」

★読み

ゑちごのくにの大にうとふ　おとぎはなしのはけものぼんには　いちばんさきへ
てるはづを　なぜ　さくしやがかきださぬか　がてんがゆかぬともし
こともしゆが　おれをはこわがらぬか　どふいふもんだ
こふとくじのももんぢいと　かほをだすと　こども
が　いままでのこわいはなしのあきたところ
なじみのももんじい　めかくしでもしやうと

詞書
拡大Ⓑ

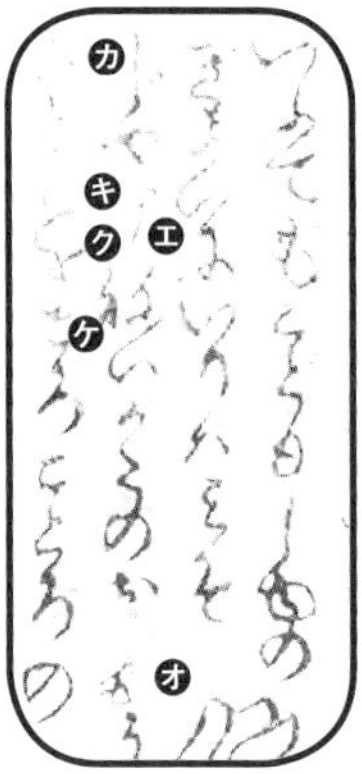

エ「ア」　オ「ほ＝本」
カ「た＝多」　キ「こ＝己」
ク「を＝遠」　ケ「と＝止」

★読み

いふても　こどもしゆの
ぎよいにいりは　みそ
じやアねいが　このおほう
だと　ことろ　ことろの

詞書
拡大Ⓒ

コ「か＝加」　サ「き＝幾」　シ「た＝多」
ス「ほ＝本」　セ「は＝八」

★読み

かきだいしやう　ばけもの
ぼんのたんじうろう
はこれじや　これじやと
にうどふ　はなたか
じるし　わしもおまへ
たちが　こわがら
ぬと　ばけものを
やめて　やくしや
にでもならにやア

詞書
拡大Ⓓ

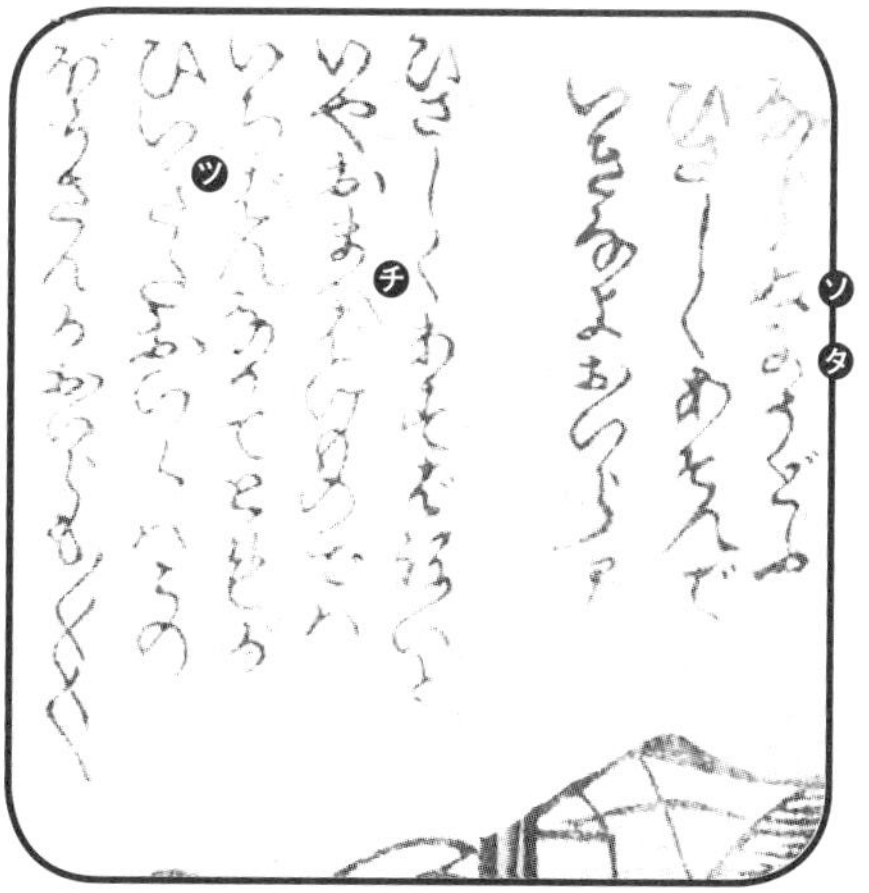

ソ「ぬ＝奴」　タ「に＝尓」　チ「へ＝部」
ツ「き＝幾」

★読み

ならぬ　にうどふ
ひさしくあそんで
いきなよ　おいらア
ひさしくあすばねいと
いや　おまへ　ばけものでは
いちばんなかて　とれが
ひいきた　おいらはこの
ぼうさんか　おいらも　おいらも　おいらも
おいらも……

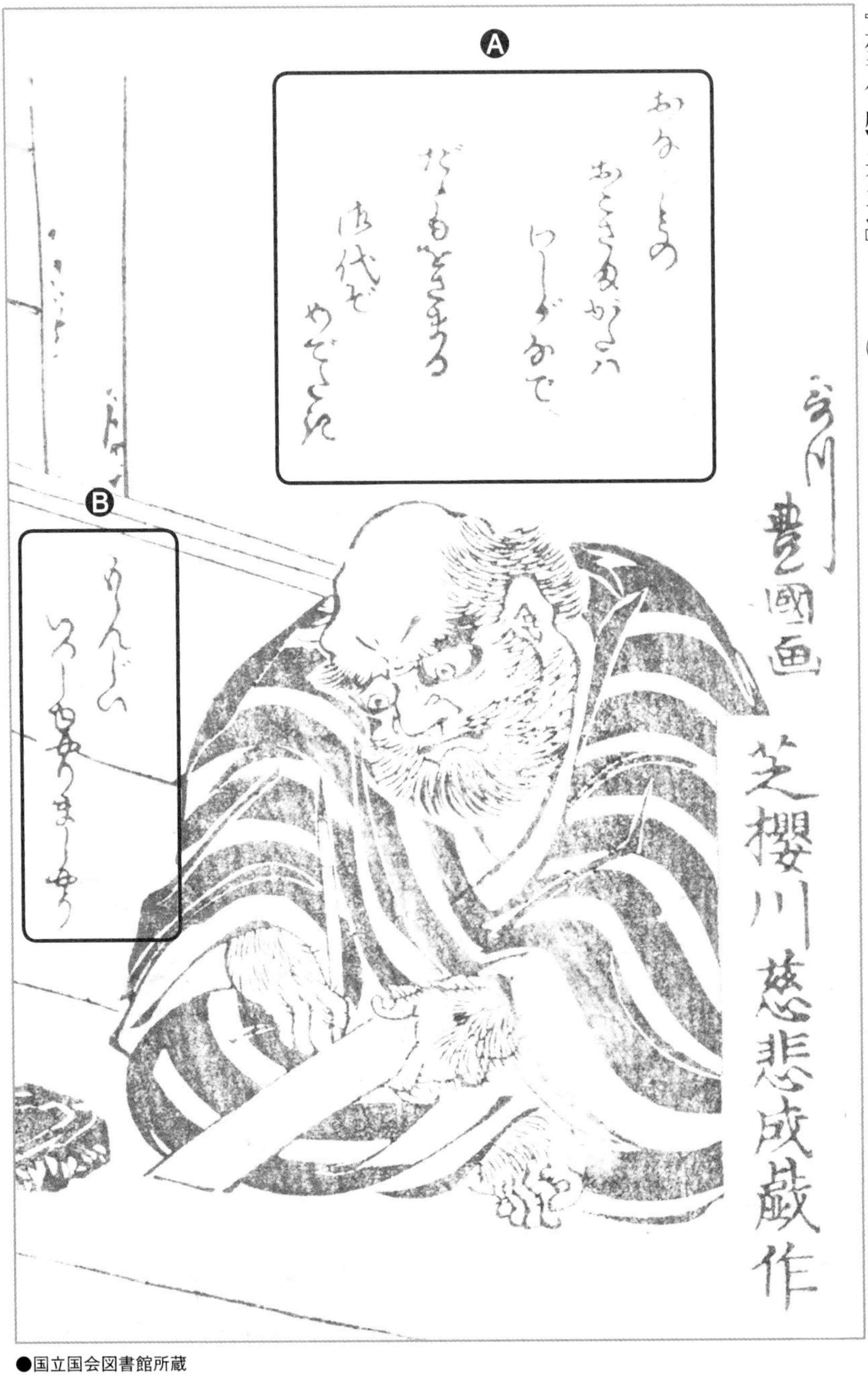

●国立国会図書館所蔵

詞書
拡大Ⓐ

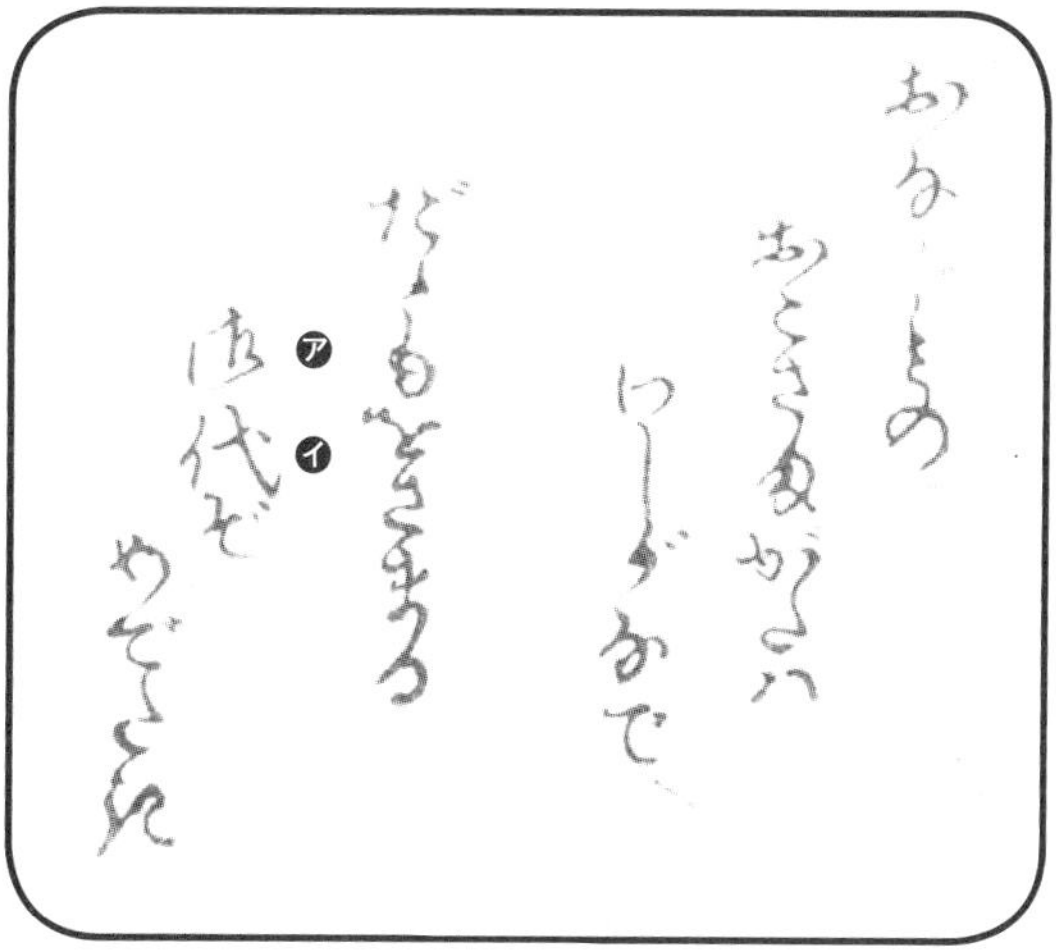

ア「御」 イ「代」

★読み

おなじみの
おこさまがたは
わしがなで
だだもをさまる
御代ぞ
めでたき

詞書
拡大Ⓑ

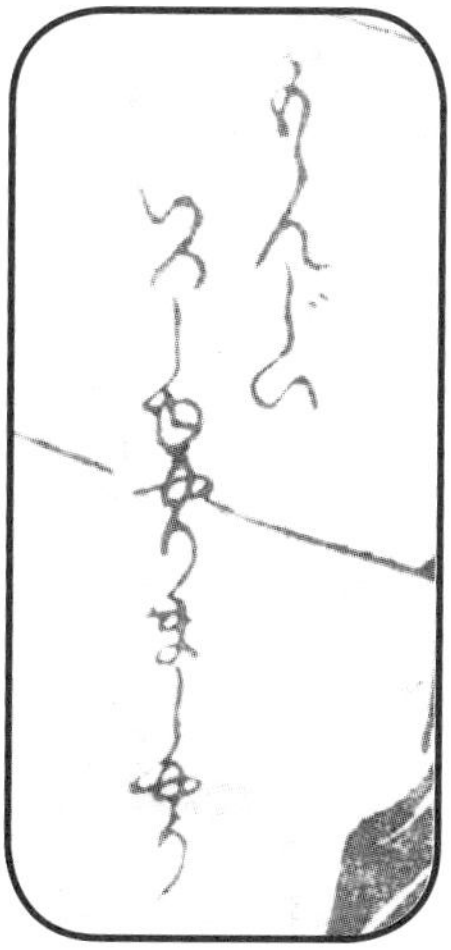

★読み

ももんじい
いつしゆやりましやう

★ザックリ現代語

（ワシのことをよく知っている）お馴染みのお子様方は、ワシの名前が出ると、だだをこねていても収まってしまう。そんな御代はめでたいことだ。化け物も一首詠んでみましょう。※新春を寿いで刊行された絵草紙ゆえ、最後のページで和歌を詠み、新春気分を出したというところだろう。

C O L U M N

妖怪&怪談コラム

反骨の浮世絵師・歌川国芳
天保の改革を妖怪画で痛烈に風刺

天保12（1841）年、老中筆頭の水野忠邦によって天保の改革がはじまると、江戸の町は重苦しい空気に覆われた。

贅沢は一切ご法度となり、屋台も出店禁止。歌舞伎は日本橋や銀座から遠地の浅草に移転を命じられ、寄席にも廃止令が下る。

風紀を乱すと、役者絵や美人画も販売できなくなった。男女の色恋沙汰を小説にしてきた為永春水《ためながしゅんすい》は幕命にふれ処罰された。

江戸中が息を潜める閉塞状況下で、改革を妖怪画で皮肉り、庶民から喝采を浴びたのが浮世絵師の歌川国芳《くによし》である。

作品名は『源頼光公館土蜘作妖怪図《みなもとのよりみつこうやかたつちぐもようかいをなすず》』（下段）で、平安期の源頼光の土蜘蛛退治を描いたと見せかけながら、実は将軍家慶や水野ら幕閣を揶揄したものだった。

右の病床に伏しているのが家慶で、その前が水野、前列三人は堀田正睦ら老中たち。土蜘蛛は彼らが粛清した政敵たちだ。

そして左から怨嗟の声を上げ、水野らに迫るのは、改革の犠牲者たちが変化した妖怪の群れである。寄席を追われた噺家や、職を奪われた女浄瑠璃師や髪結い、娼婦。追放された役者や僧侶の姿もあった。改革に辟易した庶民は絵を見て留飲を下げた。

ただし、絵解きをしないとそれとわからない仕組みになっていて、幕府の監視を国芳はまんまとかいくぐってみせた。国芳の反骨は江戸市中に知れわたり、絵は数万部という空前の売り上げを記録した。

この絵に触発された庶民の怒りは伏流水となり、やがて明治維新を用意したと語る識者がいるが、大変興味深い指摘である。

天保14（1843）年に刊行された歌川国芳作
『源頼光公館土蜘作妖怪図』（三枚組み）

●国立国会図書館蔵

巻末付録

江戸時代の代表的な字体を網羅

「48音くずし字一覧」

本誌を監修していただいた齋藤均先生のセレクトで、平仮名の代表的な字体を一覧表にまとめてみた。
これらをしっかり頭に叩き込んでしまえば、
絵草紙に留まらず本格的な書物にも挑めるようになる。
筆耕は書作家として活躍する樋口英一先生——。

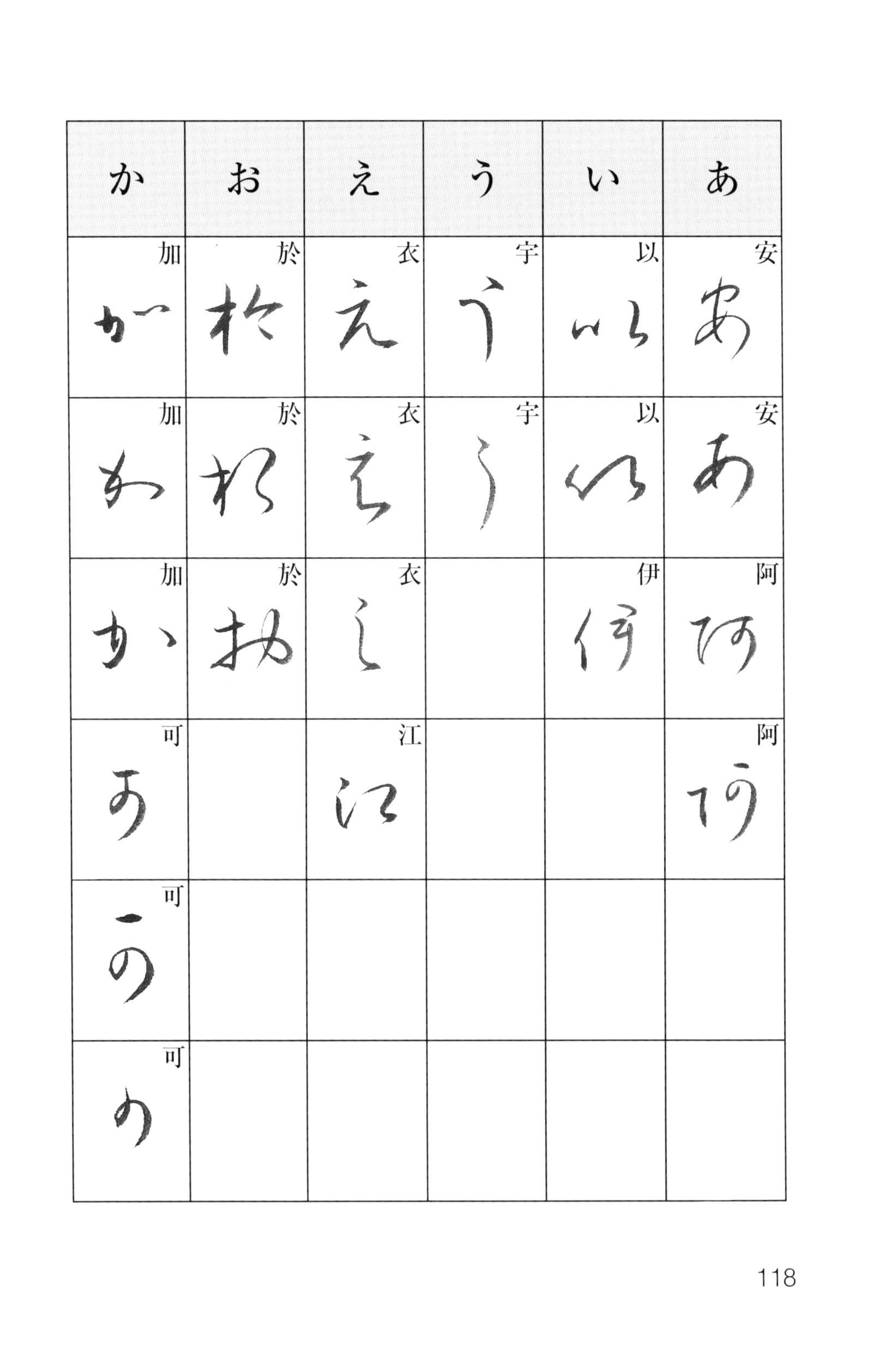

か	お	え	う	い	あ
加	於	衣	宇	以	安
加	於	衣	宇	以	安
加	於	衣		伊	阿
可		江			阿
可					
可					

け	け	く	き	き	か
希 	計 	久 	支 	幾 	可 
希 	計 	久 		幾 	閑 
	介 	久 		幾 	
	介 	具 		起 	
	遺 	具 		起 	
	遺 			支 	

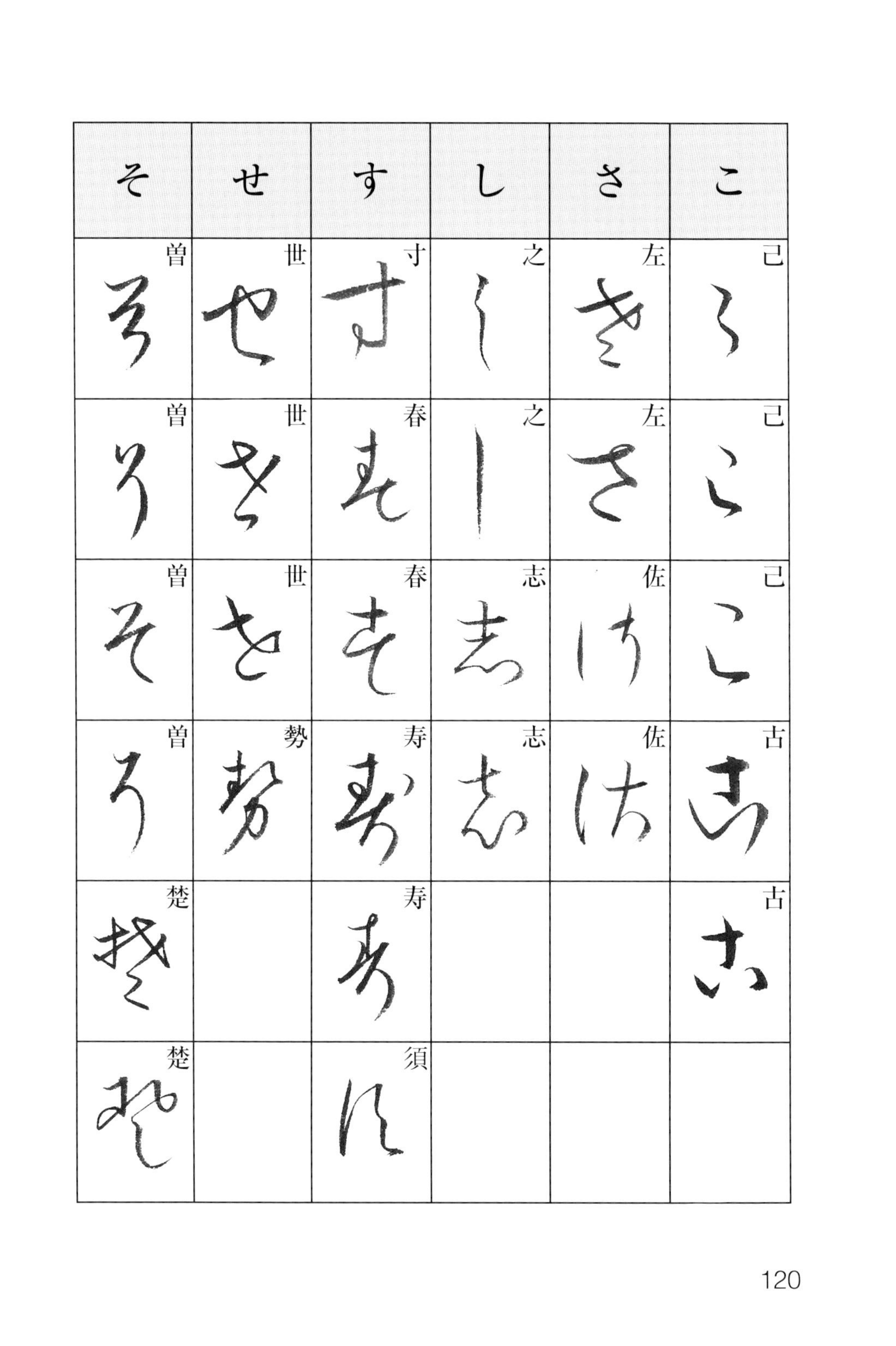

そ	せ	す	し	さ	こ
曽	世	寸	之	左	己
曽	世	春	之	左	己
曽	世	春	志	佐	己
曽	勢	寿	志	佐	古
楚		寿			古
楚		須			

と	て	つ	ち	た	た
止	天	川	知	堂	太
止	天	川	知		太
止	亭	川	千		多
登		徒	千		多
登		徒			多
		津			堂

の	ね	ぬ	に	に	な
乃	祢	奴	丹	仁	奈
乃	祢	怒		尓	奈
能	年			尓	奈
能	年			尓	那
農				耳	那
農				耳	

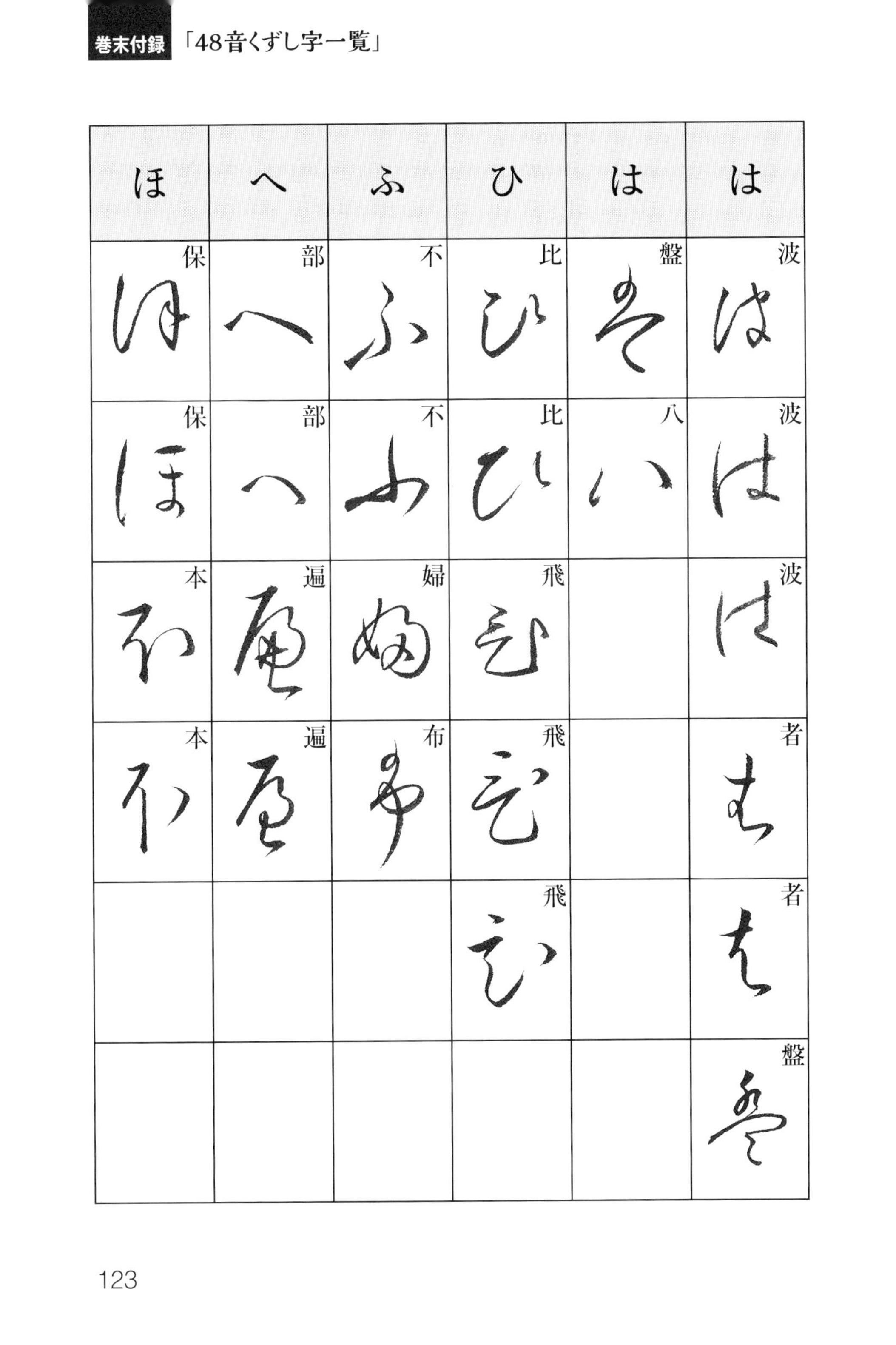

ほ	へ	ふ	ひ	は	は
保	部	不	比	盤	波
保	部	不	比	八	波
本	遍	婦	飛		波
本	遍	布	飛		者
			飛		者
					盤

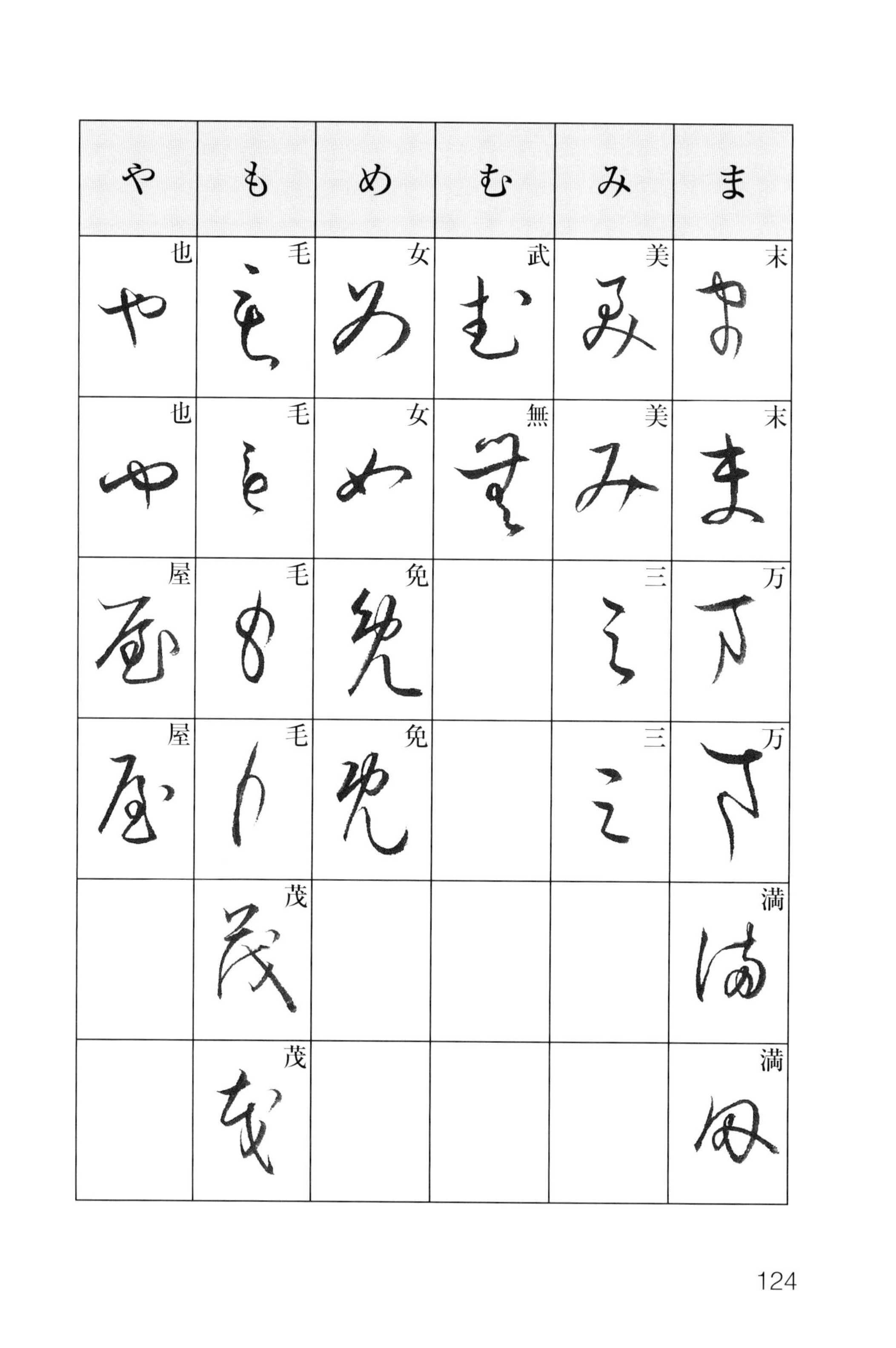

や	も	め	む	み	ま
也	毛	女	武	美	末
也	毛	女	無	美	末
屋	毛	免		三	万
屋	毛	免		三	万
	茂				満
	茂				満

る	る	り	ら	よ	ゆ
流	留	利	良	与	由
類	留	利	良	与	由
類	留	利	羅	与	遊
	留	里	羅		遊
	累	里			
	流				

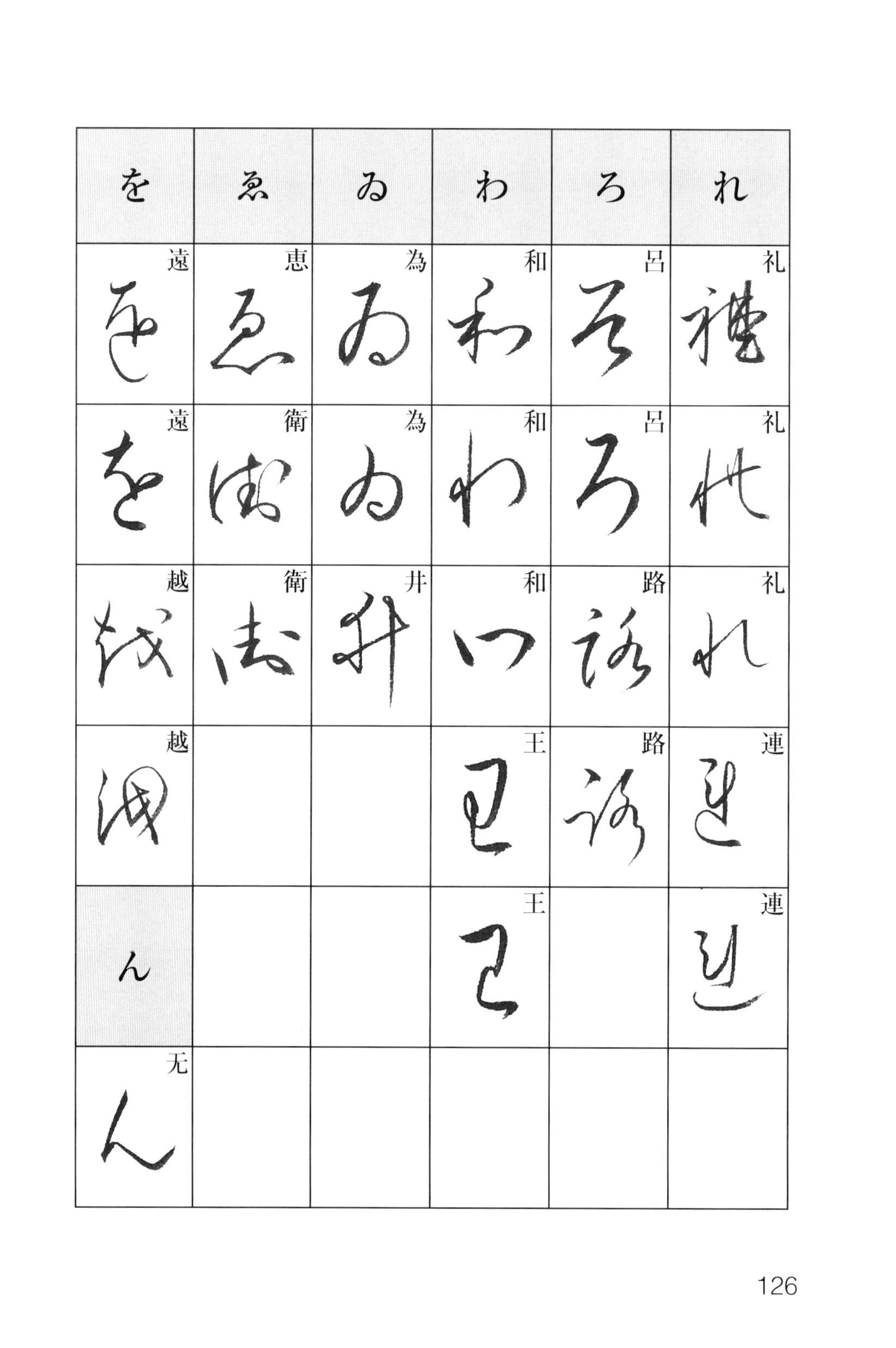

を	ゑ	ゐ	わ	ろ	れ
遠	恵	為	和	呂	礼
遠	衛	為	和	呂	礼
越	衛	井	和	路	礼
越			王	路	連
ん			王		連
无					

C O L U M N

妖怪&怪談コラム

国会図書館、都立中央図書館で読み解き用の素材をネット検索

本書の課題をこなすことで、くずし字の読解にもそれなりに自信がついたはずだ。で、もっと別の浮世絵や絵草紙にトライし、自分の力を確かめたくなった方もいるだろう。国立国会図書館や東京都立中央図書館では、ネットで絵草紙や浮世絵を公開している。読みたいテキストが手軽にパソコン画面に呼び出せるメリットは計り知れない。

両図書館の検索ＨＰは、国立国会図書館が「国立国会図書館デジタルアーカイブ」（https://dl.ndl.go.jp/）で、東京都立中央図書館は「東京都立図書館　ＴＯＫＹＯアーカイブ」（http://archive.library.metro.tokyo.jp/da/top）だ。

「デジタルアーカイブ」では「古典籍」を。「ＴＯＫＹＯアーカイブ」では「浮世絵」「和漢書」をクリックし、作品名や作者名で検索すればＯＫ。なお、「ＴＯＫＹＯアーカイブ」には翻刻（読みこなし文）が付属するものがあるが、「デジタルアーカイブ」では翻刻は一切用意されていない。

「東京都立図書館　TOKYOアーカイブ」（http://archive.library.metro.tokyo.jp/da/top）

「国立国会図書館デジタルアーカイブ」（https://dl.ndl.go.jp/）

STAFF

● 監修　　齋藤　均
● 著者　　山本　明

企画・編集・制作　　スタジオパラム

● Director　　清水信次
● Editor　　島上絹子
● Design & DTP　　スタジオパラム
● Special Thanks　　樋口英一
国立国会図書館　東京都立中央図書館特別文庫室

妖怪絵草紙と怪談で楽しく学ぶ!
「くずし字」読解のポイント

2020年6月5日　第1版・第1刷発行

監修者　齋藤　均（さいとう　ひとし）
著　者　山本　明（やまもと　あきら）
発行者　株式会社メイツユニバーサルコンテンツ
（旧社名：メイツ出版株式会社）
代表者　三渡　治
〒102-0093 東京都千代田区平河町一丁目1-8
TEL：03-5276-3050（編集・営業）
03-5276-3052（注文専用）
FAX：03-5276-3105
印　刷　三松堂株式会社

ご意見・ご感想はホームページから承っております。
ウェブサイト https://www.mates-publishing.co.jp/

編集長：折居かおる　副編集長：堀明研斗　企画担当：堀明研斗